U0404784

节奏之哲学笔记

[日]山崎正和 著
方明生 方祖鸿 译

復旦大學出版社

目　录

前　记

——悼念山崎正和先生

《节奏之哲学笔记》中文版即将问世之际，著者山崎正和先生因患恶性间皮瘤不治，于 2020 年 8 月 19 日溘然长逝。讣告传来，震惊不已。山崎先生患病一事虽早有所闻，但近期每次见面，他依旧是思维敏捷，侃侃而谈，以为凭借他的坚强意志，定能战胜病魔，却不料死亡之神来得如此之快。

《节奏之哲学笔记》一书凝聚了他多年来对哲学问题的思考。把节奏作为哲学问题来论述，可以说是他的首创。作为一位剧作家，注意到这个课题有其必然性。歌唱、对白、动作、舞蹈是戏剧中不可缺少的表演手段。无论哪一种方式都有一定的规律性和反复性，而决定这种规律性和反复性的就是节奏。要创作一部好的剧本，有意无意地都会面临节奏的问题。巧妙地利用节奏，可以提高舞台的视觉及听觉效果。

与其他剧作家不同，山崎正和先生同时又是一位哲学家，对节奏的研究并不仅仅停留在对戏剧表演效果的追求上。即使是针对舞台表演的论述，他也把节奏作为一个抽象概念来思考，并进一步把它提升到生命现象、自然现象的层面上来研究，由此再拓展到其他领域。能如此从不同的视角来对节奏进行探讨的，非山崎正和先生莫属。

为了撰写本书，山崎正和先生花费了很多心血，他悉心研究了相关论述，查阅了大量参考资料，仅动笔撰写就用了整整三年时间。其后又花费了一年半作了全面的修改，前后近五年才完成此书。他平时文思涌泉，下笔如飞，可见他为这本书真可以说是呕心沥血了。

《节奏之哲学笔记》日文版出版后，他仍不满足。他前后共读了十遍以上，最后撰写了一篇名为《节奏之哲学笔记再考》的长篇论文，刊登在今年 6 月的《ΑΣΤΕΙΟΝ》杂志上。按他本人的说法，这是一篇“自我批评”的文章，其目的是反省《节奏之哲学笔记》的不足之处，并追加了一些新的见解。主要的论题有两个，一是有关“身体”的问题，另一是关于“事物”和“理念”的问题。由于论述太长，在此不予赘述。但从这些事上都可以看到他的治学严谨。

山崎正和先生虽学识渊博，却仍好学不倦。为了起居方便并照顾夫人，他几年前入住一所养老院，随身行李中最重要的就是大量的书籍。为了撰写上述论文，他把詹姆斯·吉布森的《视知觉生态论》等论著认真地通读了一遍，仅《视知觉生态论》一书，原著就有三百四十六页，可见工作量之大。但他仍乐此不倦。更为令人感叹的是，先生一直笔耕到生命的最后一刻，逝世前一天，他完成了《哲学漫想之五》。手稿交给编辑后，第二天就与世长辞了。

山崎正和先生出生于京都，在中国东北度过了幼少年时代。十四岁时返回故里。少年时代的生活给他留下了深刻的印象。迄今他的著作已有三本翻译成中文，他一直很关心中国的读者对他著作的反响。关于本书，他曾多次对我说，很想等出版后拜读中国学者写的书评。遗憾的是，他没能亲眼看到第四本译作的出版。为感谢山崎正和先生对学术的巨大贡献，特撰此文，谨作记念。

明治大学教授

张　竞

2020 年 8 月 26 日于东京

第一章
节奏存在于何处?

无处不在的节奏

对人类来说,没有一种现象能像节奏那样让人感觉无处不在。即使文明不同,即使年龄、性别、个性不同,提到“节奏”,也应该是无人不知、无人不晓的。即便是不知道节奏这个词的人,走路时也会有一定的节奏,跟他提这样的事,定会很快理解其中的意思。不太懂舞蹈、音乐的人,只要看到舞蹈,听到音乐,就会感受到身体内部在跃动,要是告诉他这就是节奏,这样的人也一定会理解的。

而人们听到节奏一词后浮现在脑海中的现象,放眼望去,世界的各个角落到处都有。石块击破水面,一圈圈的波浪就会有节奏地扩散,时钟的钟摆会发出有弹性而重复的声音。人的身体本身伴随着节奏,并非能由意识来控制,但心跳、呼吸等节奏却能由人的意识作用放大或缩小。仰望天空,日有起落,月有盈缺;细观天象,也会感受到宇宙的脉动、星系的节律。

节奏的感受性,超越了人类地域和历史的分隔,与所谓文明发展的程度无关,为一切人所共有。毋宁说没有文字的史前文明,其韵律感受性可能会高于文明人。史前民族多用击鼓的各种节奏来传送信号,用绳结的长短来传达意义。可以想象他们的节奏感比现代人更敏感、细腻。从宗教仪式和社交娱乐来看,比起近代人,史前部落的人更重视舞蹈的节奏。

上述情况,也同样适用于个人成长的各个阶段。无论成人,还是未通言语、未识字词的幼儿也都能理解。众所周知,以一定的节奏摇晃哭泣的婴儿,会让他(她)恢复笑容,而用另一种节奏摇晃,会让婴孩静静地入睡。成年人会被进行曲的节奏鼓起活力,车辆的断续性的振动会如催眠曲引来睡意。有关节奏的这种正反效果后文再作讨论。总之,毫无异议,韵律、节奏是贯穿人一生的人类每个成员都能理解的共同语言。

如果说节奏是共同语言,那也可以说,它是不同的社群和文化间相互联结的强大力量。即使是初次接触的异文化的律动,谁都能立刻感觉到那是节奏。文化是人们养成的习惯,不同文化的人要再现另一种文化并非易事,但如果认真努力地学习并非没有可能。hip hop① 是来自非洲的韵律,现在则以美国黑人为传播桥梁,在全世界赢得了很多爱好者。

诸感觉器官之间存在的节奏

人类可以超越感觉器官的差异,通过俗称为五感的所有感觉来享受节奏。耳朵能听到音乐的节奏、眼睛能看到点和线,能在色彩的对比中感受颜色的律动。皮肤可以通过触觉感受到节律性的刺激,甚至内脏的触觉也能直接感受体内的律动,如心脏的跳动。全身的肌肉、骨骼对节奏十分敏感,大多数日常活动可以节律性地

① hip hop:起源于 20 世纪中叶美国纽约黑人集聚区的一种音乐亚文化。包含说唱(rap)、街舞(B-boying)、唱片编辑(DJ)、涂鸦(graffiti writing)等分支。——译者注

进行，而纯粹为享受节奏而进行的运动，无疑即是沉浸在舞蹈之中了。

上述的现象反过来也可以证实，接受节奏的特定器官、特定感觉是不存在的。这样断言如果操之过急，则只能换成另一种说法：感受节奏的不是迄今所了解到的人的感觉，而是一种完全未知的新的中枢。当然，就是最先进的脑科学、生理学，也没有找到可称为节奏中枢的脑的某个部位或反射中枢，这里只能将其称为未知的新中枢。如想得到更正确的解释，或暂且将是否有中枢的推定置之一旁，先对身体进行新的定义，认定感受节奏的是整个身体，这样或许较为妥当？

比如可以想象弹吉他、钢琴等乐器的人，身体的某个部位感觉到了节奏。演奏者是用手指来演奏节奏的，而判断产生的节奏是否良好，不是用这个人的手指，而是这个人的耳朵。究竟节奏在手指上还是在耳朵里，或两方面都有？当然，说成两方面都存在似乎最为简单，但稍稍思考一下，其实手指和耳朵两方面似变成了融合在一起的另一种东西了。其实，手指得到了手腕、肩的带动，更得到腰和腿以至全身的支持。耳朵这一方面，也像“回响在脑海中”“打动心弦”等形容声音的词汇所描绘的那样，是整个身心在听。无论怎么设想，在全身中限定节奏存在的部位是困难的。

如将论述的视角转向所谓视觉节奏，空间节奏一类观念，则可以更深一层次地理解这一现象。点与线的联结，带有色彩的面的配置，是通过视觉接受的，物理性质上不动的这些的形态不会就此产生节奏的。可以联想到，日本庭院中的飞石[①]所呈现的节奏性，

① 原文为“飛び石”，也可译为“踏脚石”，日本庭院内的路径上相隔等距离放置的平坦的石块。——译者注

是因为存在着人在其上跳跃行走的想像。之所以能感受到形状的流动与弹性，首先是观察的人会根据形状来摆动眼球，第二是描绘庭院的画家的视觉运动会在观赏者的体内重新得到体验。观察形状，感受到节奏的人暗暗地在运动自己的身体，以品味这种运动感觉的节奏。

俗称的视觉性节奏，实际可说是在视觉和运动感觉的中间位置，这在造型艺术中，尤其是在书法(calligraphy)、或将文字写得优美的一类艺术中，可以清晰地看到。鉴赏这类作品时，感受节奏的能力不仅是感觉，知识也加入其中。笔法、笔顺、文字排列方向等知识是欣赏这类艺术作品的前提。汉字和假名是最为典型的，而对罗马字、阿拉伯文字来说，要品味文字的节奏，鉴赏者必须在心里试着书写。说到这里，可以推想这样的事实：感受节奏的中枢不仅处于诸感觉的中间，事实上，其中还包含了包括知识在内的人的综合能力。

超越感觉的节奏

节奏并不局限于个人内部，在两人或多人的集体中也均等地遍布着节奏。舞蹈家大都总是与音乐演奏家共同演出的。音乐在于演奏家，跳跃、回旋在于舞蹈家，而节奏成为了联结两者的桥梁。演奏家运用节奏带领着舞蹈家跟随舞蹈，或与此相反的状态，演出都不可能成功。像排球运动中本队运动员的相互传球①那样，节奏在演奏家和舞蹈家双方的头顶上飞舞，在两者的协调与竞争的烘

① 此处原文为“トス(toss)を上げあう”，意为排球比赛中运动员给本队运动员传出可扣球的球(二传)。——译者注

托下，通过节奏本身的力量，增强了紧张与昂扬。

这样的关系在交响乐的指挥与乐队之间，节奏的表现更为复杂。交响乐演奏，乍看节奏先是在指挥的体内，指挥由此来指导音乐的节奏，但真实情况绝非那么单纯。因为，与前面的舞蹈家不同，指挥的节奏作为身体的表现，其本身并未完成。指挥运用全身的运动直至脸部表情来传达节奏，但从演奏整体的节奏来看，那不过是省略体、抽象物。当乐队接收到它，并用他们的身体运动来完成，具体化为声音形象时，指挥的节奏才得以成立。用一种比喻的说法，指挥的节奏不过是音乐演奏这一产品的设计图样，可理解为是乐队用声音描绘出的巨大绘画作品的粗线条的素描而已。

顺便涉及的是关于节奏的存在和应有状态，交响乐指挥的例子，还可以提供一个全新的视野。拙著《演技的精神》中曾提到过，节奏宛如观念的产物，可以抓住其核心部分作素描。正如指挥所做的，人们可以剪除节奏的枝叶，抓住粗壮的主干。听音乐、看舞蹈时，观众有时会拍手打拍子，这也应看成他们在对节奏作素描。尤其是在记忆节奏时，这种方法，可以免除原来伴有的身体重量，节奏被压缩、省略并保持在素描状态中。乐谱、舞蹈的编舞是这类记忆的一种手段，是一种被观念化的节奏的素描，身体运动的极度抽象。

同样，抽象化也会向反方向作用，节奏本身也可通过抽象化来产生。无需特意找寻，月亮的盈亏、群星的运行或季节的变迁等，几乎所有的自然现象都蕴含着节奏。当然，一个人以周为单位或以年为单位，不间断地观察自然现象是做不到的，人无法以纯粹的感觉维度来感知这样的节奏。可以说，这种巨大的节奏，是人们在记忆中综合了间歇性的观测，压缩、省略了实际的过程后才得以成立的。

但另一方面，这样的素描化过程并非纯粹的观念性抽象。须注意，严密的意义上，这仍是身体性接受的一种方式。原本，记忆就并未被认为是理性中枢的脑的产物，而是包含了肌肉在内的全身作用的产物。这一点，观察习惯的形成过程就可以理解了。无论是游泳，还是骑自行车、弹奏钢琴，恰如动词表达的意义那样，是用身体记忆的技能。旧作《世界文明史试论——神话与舞蹈》[①]中也提到过，身体甚至有先于理性，进行分类和范畴化的能力。譬如，用概念来说明走路和跑步的区别颇为困难，而以运动本身来区别此两者，那是三岁的孩子也能做到的事。

反过来说，用手打拍子可以描绘音乐和舞蹈，指挥的手势可以具体化为乐队的演奏的事实，也许这正是身体具有通常所说的知性能力的最大的证据。常识上所说的知性带有极为狭隘的癖性，通常要竭力排除一般称为感性的因素。与此相反，身体大致上不采取区分知性和感性的态度，反而积极要求知性的行为与情感相伴。用手打拍子来抽象音乐和舞蹈时，必定首先产生强烈的昂扬感，而在这种昂扬感中才洋溢出用手打拍子的节奏。

节奏在记忆上显现的情况也与前面所述的节奏的身体接受完全相同，那样的记忆与狭义的知性活动不同，经常受到昂扬的情感的支持。仰望满月，感受月亮盈亏的节律，在新年庆祝中预感四季的节奏，不单是基于过去的经验的知性判断。当全身沉浸在月光之美或新年的欢悦中，一抹无常虚幻的念想袭来之时，人们会记起时光流转的节奏。

更极端的例子是人们有时能感受千年森林盛衰之节律。当

---

① 此书已有中译本《世界文明史——神话与舞蹈》，方明生、方祖鸿译，上海译文出版社，2014。后文提及此书时均以译本名表述。——译者注

然，为此有关森林的科学知识不可缺少，但仅靠科学知识还是无法感受节奏之本质——流动的力量。某个时机，步入森林深处，目睹了巨大朽木的树荫下一棵小树正在成长之时，人们会感受到一种难以名状的感动。看到的是大树与小树的生命交替，而与树木整体的新陈代谢相关的知识结合，这一瞬间会感到森林整体盛衰的节律。

这种情况下，有关树木生命的科学知识相当于音乐中的乐谱，朽木与幼树并列的情景相当于指挥的动作，千年森林盛衰的节奏相当于两者奏出的音乐本身的节奏。需要注意的是，其间，节奏既不在科学知识本身中，也不在朽木与幼树并排的感觉性景象中。确实有接触到千年森林之生命的真实感受，这种感动的源泉却不在知识或感觉的任何一边。实际上，即使拥有相同的知识，进入同一片森林，人们也未必会体会到同样的感动，很多时候仅是知识的重新确认而已。

从这个极端的事例可以明白：节奏在这个世界的任何时候、任何地方都存在，但决非能具体断言存在于何时、何地。眼前的现实森林虽然就在这里，但不断变迁的“千年森林”却不知在何时何地。一对朽木和小树现在就在这里，但两者交替的经过，不能说就在这里。人感受到的如一瞬间战栗般的生命的节奏，是超越了感觉和知性，直接向身体整体袭来的一种现象。

节奏的单位形成能力

至此通过观察可以看出，节奏是一个流动的形态。节奏随时随地动摇人的身体，不是转而流逝，而是引起身心波动的一种现象。节奏是反复运动的流，可以看作是反复中断的流动。但更为仔细地观察这种身心波动的内部，就会出现另一个重要的共通倾向。

下一章介绍的路德维希·克拉格斯的《节奏的本质》(Ludwig Klages, *Vorn Wesen des Rhythmus*)也指出，波动的声音的流动常常给身体带来不可思议的印象。钟摆的声响是“滴答哆答”(ticktack)，列车行进的声音听起来像是“嘎当咽咚”(gatan · goton)，重复的声音流不是均质的连续，而是每两个音节构成一个大一点的声音单位的组合。

换言之，节奏不是单纯反复运动的流，而多种往返运动的流，表现为往与复两种不同的运动组合起来的流动。从幼儿步行练习和集体行进的口令来看，“一、二”、“一、二”的口令，大体都是以“一”为重音，就如西洋诗的“扬抑格”，节奏往往要形成一种组合的单位。

稍深入一点说，节奏每隔一个波动的间隙形成独立的单位，并总是想保持各自单位的完整性。特别是这种要保持完整性的倾向，在人类身体创造出的节奏，音乐、舞蹈、戏剧、诗文等艺术活动中，即一般称为“文明内部的节奏”中表现得尤为明显。这当中，单位形成了大大小小各种集合体，相对地不断展开可称为部分与整体的结构性关系。

前面提到的西洋诗中的“扬抑格”(trochee)是由强弱两个音节的反复构成的，而“抑扬格”(iambus)则反过来将弱强两个音节组合在一起，反复出现。日本的短歌和俳句也是以五音、七音为单位构成的；而汉诗的绝句中，四行被统一为“起承转结”的内部节奏所支撑。这些表达形式积累起来产生了被称作“作品”的整体。当然，作品的完整性，其自身并非是绝对的，只是形成了文学史一类更大节奏中的一个单位而已。

顺带提一下，世界上最早的节奏论可能是日本的世阿弥元清的《风姿花传》[①]，他所论述的"序破急"理论也是以节奏的单位形成为着眼点的。世阿弥首先从自己表演的能乐开始论述，力陈一首曲子当然是一个节奏单位，大到一整天演出节目的安排，小到腿迈出的一步，都须按着序破急的节奏来推进。在缓慢绵长的序的部分积蓄力量，不久在顶点的一瞬间堤坝决口，随后开始急速流动的节奏。依据他的论说，这是贯穿自然、包罗万象的根本原理。

世阿弥的两点主张特别值得注意。第一，他使用"成就"一词，重视节奏单位的完整性。特别是一段能剧，并不仅仅是时间的片断及其连续，须给人留下非日常的"成就"之印象。正如"成る"一词所暗示的那样，恰如生物成长并结实一般，这种成就感让人感到满足。

不过，仅限于这一点，并非是世阿弥的独创，亚里士多德的《诗学》里也有类似的见解。受其影响，近代艺术理论对于这一点有着同样的理解。亚里士多德用了比"序破急"更为暧昧的词语，他认为戏剧由"始、中、终"三部分组成，并认为这是无论缺少了其中哪一个，或改变了顺序，整体都会消失的有机统一。艺术作品的整体并非是单纯的部分的集合，而是在各个部分中都能感受到整体的活的统一体。

这一点用现代的语言来说明的话，就是在文学、音乐这样的时间艺术中，经常会发生时间上的前后顺序的逆转。所谓艺术作品，就是前面的部分不断地被之后的部分激活，被赋予新意义而发生改变。序由于破，被赋予了作为序的力量，破依据急，才获得了作

---

① 《風姿花伝》，日本室町时代能乐师世阿弥的论著，成书于1400年左右，分为七编，既是能乐的秘传，也是一般戏剧艺术论。中译本《风姿花传》，王东兰译，中国社会科学出版社，1999。——译者注

为破的意义。正因为有了这样的逆转，艺术作品才不会发生无穷反复的情况。可以认为，这就产生了能称为一件作品的完整性和独立性。

相对于此，值得关注的第二点是，相反的，世阿弥不仅在能乐这样的艺术活动中发现节奏，更在人类的文明整体及至森罗万象的自然现象中发现节奏。世阿弥在人的行动——脚跨出的单纯一步中，从起步到着地之间，发现了序破急的节奏，可见其着眼点并非仅限于行为本身。

世阿弥以鹤的长腿和鸭的短腿为例，指出两者在节奏上有着相同的结构。鸟的腿的序破急是指大腿、小腿和脚尖的动作，而世阿弥认为，与外表的大小和形状无关，结构上，节奏可统一各个类似部分，形成整体。鹤虽然腿长，会在某处被截短，鸭虽然腿短，可以将部分拉长，这对两者来说都是悲哀的。世阿弥指出，无论是切短还是拉长，发生破坏的是整体的某部分，但恰如艺术作品那样，上述的现象会与整体的破坏直接相连。

但世阿弥节奏论中的第二个主张，在常识的世界里并不一定能得到普遍的认可。节奏的单位形成在艺术领域里特别显著，但很少有人会为了鲜明地看清作品的完整性，把节奏扩展到自然或其他的文明现象中来考虑。前面谈及的克拉格斯是个例外，克氏从节奏的观点出发，连续地把握了自然和文明，持这样观点的论者在西方是很少见的。事实上，亚里士多德虽然对文艺提出了与世阿弥相近的见解，但终究还是把它留在了艺术活动中，即他自己所说的“创作(poiēsis)”的世界里。

上述看法现在也十分流行，夸大反复和往返的差异，倾向于将两者置于过度对立的位置上。譬如将月亮的盈亏、海潮的涨落现象作为典型。确实，所谓自然节奏，与艺术作品相比，形成单位的力量很弱,完整的印象比较淡薄。常识往往误解了这种薄弱的形成力,认为自然完全缺乏形成单位的力量,认为节奏里只存在着反复与往返两种对立。

而且,常识长时间不分青红皂白地严格区分了文明和自然,并将人类深深地囚禁在将内心与外在对立起来的痼疾中。正巧艺术作品在所谓文明的内部,而另一方面,月的盈亏、潮水的涨落等形成力弱的节奏在被称为自然现象的事像中被大量观察到,因而,错误地将两者对立起来的倾向变得越来越根深蒂固。因果循环,这种错误的节奏观,反而增强了传统的认识论,使得精神与物质、想象力与感觉等主客体对立的思想在各个领域,特别是在艺术哲学中泛滥了起来。

拟声拟态词的暗示

实际上,本书的最终目的就是要打破这种常识的偏见,克服其背后存在着的内在与外界的哲学性二元论。当然,要实现这一目的,须俟候本书整篇论述的结束。而目前的论述,恰如朝着这一方向前进的入口,我们将关注一个近在咫尺,且极具启示的现象。那就是已在此前的考察中讨论节奏时反复提到的"滴答哆答"、"嘎当咽咚"等拟声拟态词(onomatopoeia)的表达手法。

onomatopoeia 是表示拟声词含义的西方传来的外来语,日语中通常作为包含拟态词(mimetic word)的语言学术语来使用。而依据常识,一般认为它相当于人与自然接触时感觉的反射性表达与已在文明中形成的语言之间的环节。换言之,可看作在感觉的自然、自动的流露,如表情、动作等,与可确定为符合语法的词汇间的一种过渡。

鹫田清一的《"磨磨蹭蹭"的理由》是一部关于拟声拟态词的名著。作者把拟声拟态词定义为"不是依据概念，而是依据感觉的抽象"。而梅洛-庞蒂(Maurice Merleau-Ponti)则认为，在视觉和触觉等分化的感觉之前，存在着应称为"共感(synesthésie)"的感受能力，这种全身性的能力将感觉导向了拟声拟态化。鹫田则认为，拟声拟态词的语言表达形式，相当于"模仿一物时，在模仿的身体内部被唤起的'反响'"。

而我本人迄今为止的看法是，节奏并非是依据某个感觉，而是通过超越各种感觉的独特的感受性而产生的。这种感受性是整个身体所支持的，换言之，节奏是由全身的运动感觉所感受到的。依据鹫田的说法，这种感觉与产生拟声拟态词的"共感"是一样的东西。理所当然，拟声拟态词正是记述节奏的最佳手段。

鹫田也在书中直接提到了节奏。节奏在声音、动作的"斑点现象"中，规定为是一种"印刻不断重复出现的标记"的表现。"把有征之表现与无征之表现的不断交替，当为一种运动使之持续"那就是节奏。这种论述换成我所用的语言就是：首先，自然的运动作为松弛了的"斑点现象"显现出来，在这里依据印刻下的不断重复的规则性记号，运动变成凝聚和浓缩了的有秩序的一连串持续变化。

再仔细阅读一下《"磨磨蹭蹭"的理由》可知，实际上，拟声拟态词本身有两种相互间有联系但并不相同的类别。可注意到，这两个类别是与本书之前所阐述的两种节奏对应的。鹫田花了很大精力，收集了日语中数量庞大的拟声拟态词，而其中大部分是像"ぐずぐず""ずるずる""ざらざら"等，以同样的两个音节重复的形式所构成。但有趣的是其中混杂着如"ちぐはぐ""じたばた""めちゃくちゃ"等两个不相同的音节的组合。

鹫田是否故意没有区分这两种类别？很明显，两者在使用方

法上表现出了不同的倾向。像“ぐずぐず”“ずるずる”这样的相同的两个音节反复的拟声拟态词当中，如“ずるずる、ずるずる、ずるずる……”[①]那样，有的场合是可以不断地重复下去的。而像“ちぐはぐ”那样，由不同的两个音节构成的拟声拟态词，就像单独的实词，多数情况下是不能反复的。而像“ちぐはぐな”、“ちぐはぐに”[②]等用法，这类词有时可直接转变成形容动词，有时则如“ちぐはぐを直す”[③]那样，可当作名词来使用。

西方语言中也有类似的拟声词汇，英语中的“zigzag”，日语中被译为“ジグザグ”是其中的典型一例。这个词，原本是以字母 Z 的形态来拟态而形成的词汇。当初变成表示动作形态的拟态词时，有“Z 字形前进”“画曲曲折折(Z 字形)的线”等单独作为副词或名词来使用的用法。更极端的例子是“ピンポン”[④]一词，这个模仿声音的拟声拟态词，现代日语中几乎只能作为表示“乒乓球”的名词来使用。前面引用的“滴答哆答”(ticktack)虽略带幼儿语言的色彩，但在英语中也被转用为表示“钟”的名词。

这样，通过拟声拟态词这个窗口观察，就能看出节奏所具有的两个重要性质。其一，看起来节奏有两个类别，实际上，两者间有着平稳的联系。“ずるずる”与“ちぐばぐ”、“がたがた”与“がたごと”，给人的印象是两者区别很大，但实际上无论哪种情况，实质都是两个音节一组而已。“ずるずる”“がたがた”是身体的感觉原封不动的模仿，“ちぐはぐ”“がたごと”是较接近文明语言的拟声拟

---

① 日语中“ずるずる”一词有“滑溜溜”“拖拖拉拉”等意义，反复用这个词，有“滑溜溜、滑溜溜地”“拖拖拉拉、拖拖拉拉地”等含义。——译者注

② 日语中的形容动词可以在词尾加“な”作定语、加“に”作状语来使用，拟声拟态词也有这样的用法。——译者注

③ “ちぐはぐを直す”是“修正不协调(不相配)”的意思。——译者注

④ “ピンポン”意即“乒乓”，发音也类似。——译者注

态词，不同点只是在音节上。这些词语都是由两组音节的重复和组合构成的，其节奏构成的性质是同样的。

其中最具暗示性的是“うまうま(吃饭)”、“がらがら(玩具)”、“ぶうぶう(汽车)”等幼儿语言的拟声拟态词。这些词汇对幼儿来说是文明的语言，是当作名词来使用的。虽然幼儿的拟声拟态词还只带有自然性的节奏，但即便是这样的词汇，也已经具备了两个音节两组的组合，音节重复与间断与成人使用的拟声拟态词如出一辙。由这种声音的间断形成的原始性组合是语言的萌芽，可认为幼儿是携带着这样的节奏进入文明世界的。换言之，正因为这种节奏的感受性是与生俱来的，当幼儿接触到语言这种社会习惯时，才能很容易地习得这种节奏所具备的单词的完整性。

拟声拟态词还教给我们另一个事实：拟声拟态词自身同时起着两种不同的功能。其一是鹫田特别关注的，拟声拟态词所具有的“依据感觉的抽象”，其实被抽象了的对象也还是感觉。依据鹫田的说法，譬如“ね”，是适合表现粘着性、执着的声音，“ねばねば”“ねとねと”等词汇确实是表现粘性感觉的拟声拟态词。“ざ”行的声音与摩擦的感觉很接近，“ざらざら”“ぜえぜえ”“もぞもぞ”等拟声拟态词要表现的感觉就属于这一类。另外，“P”音倾向于表现较强的敏锐、敏捷的感觉，“ぴりぴり”“ぴちぴち”“ぴったり”“ぴんぴん”等就是表现类似感觉的词汇。

这一主张极具说服力，完全可以认为拟声拟态词就是靠着感觉来进行感觉的抽象的。但在我看来，拟声拟态词还有另一种功能，它不是一种感觉，而是有充分理由想象为一种直接记录节奏的活动。前文已指出节奏的感受性是从任何种类的感觉中独立出来而起作用的，这样的情况，可认为在拟声拟态词上表现得很鲜明。拟声拟态词所形成的两个音节两组为单位的现象，即这样的节奏的产生，与配上怎样的音素、音节毫不相关。

而且，在将这种节奏的感受性与依据感觉进行感觉抽象相比较时，虽然程度上有差异，但可以看出前者比后者更具普遍性。感觉的模仿，总会有依据地域、民族的不同而产生的差异，而节奏的表现更具有世界共通性。如，英语中记录钟声的“ding-dong”一词的拼写是约定的；而在日语中，通常用“ごーんごーん”或“かんかん”[①]等来表示。这类比较中，相对英语的 d，日语的 g 与 k 的音，其本身的感觉差异是很大，但从英语格调的两个音节构成的节奏来看，其结构可以说是共通的。表达打喷嚏的日语词汇是“はくしょん”，而英语是“achoo”。声音的感觉差距很大，但如果把“はくしょん”的音节变为英语格调，可说成“hack shong”，[②]两者都是两个音节，节奏上是同样的。

流动与抗拒——“惊鹿”的结构

西语词节奏的词源是希腊语的动词“rhēin”，意为“流动”。正如其意，节奏的本质虽内含律动的间断，但终究是一股流动。这种流动不能被任何感觉所把控，在避免感觉的错误这一点上，可称其为纯粹流动，但绝非观念性的思维的产物。那是随时随地带着一定的位置和方向的流动，最终作用于身体的一种现象。详尽细节之处，本书后文将会详述。如果要以一种隐喻的方式表达，恰如贯穿行进于海水间的波浪之流动。

---

① “ごーんごーん”是表现较为坚硬、沉重的钟声；“かんかん”表现金属物碰撞时发出的较为尖锐的声音，汉语可表达为“当当”“叮当”“叮叮当当”等。——译者注

② 日语的“はくしょん(hakusyonn)”、英语的“achoo”和汉语的“阿嚏(ati)”比较，确有作者指出的节奏共性。——译者注

波浪从海上向岸边呈浪涛起伏涌来，但海上的水本身并不会向岸边移动。水块虽然从原地移动了一些，但不会向更远处前进，像台球中球的运动、或多米诺骨牌的运动一般，推动着邻近的水块运动。水的运动仅重复这样过程，而与此相应，波浪的流动贯穿于整个水的运动，向远处快速前行。浪涛的节奏乘着这看不见的流动，转瞬间从海面到达岸边。

毋庸赘言，波浪的产生需要水。特别是为推动海水产生浪涛，水的质量是不可或缺的。正因为有水作为物质的恒居不动的抗拒性，流动不能一口气向前直行。为了绕过这种阻力，流动会产生上下运动。加之海上的风、海底的地形等影响，浪涛呈现出复杂的形态；但无论何种因素，发端之处，流动是必不可少的。而流动本身与物质不同，只能看作无法断言时间处所的、随处存在的一种作用。

说到此地，须附加记述的是，所有的流动，在定义上都隐含着自始具有的某种阻力。假设存在着奔放不羁地发生作用的运动，换言之，假设存在着无任何抗拒力的运动，那么，此物就无法占有一定的时空，而会在一瞬间引起辐射而消失于虚无中。为使运动成为具有一定的广度和轨迹的流动，其媒介的内部必须具有黏性以防止辐射，或必须使外部的物体通过摩擦、截止，以抗拒运动。

抽象地思考节奏时，会发现这种流动与抗拒的冲突十分重要。要产生节奏，首先，引导运动变为流动的抗拒发生作用，且还需要有堰塞流动的抗拒体。引起反复、往返的节拍运动必须有使流动逆转的阻碍，要使节拍成为一个单元，必须有流动的黏性。

之所以要将引起节奏的流动特别拿出来，称其为纯粹流动，是因为各种不同性质的媒介始终流动着，不会因媒介的变化而中断。海浪是由风、海底地壳变动等多种因素引起的，但其流动作为一种力是不会改变的。这种流动可以看作由风、海底地震等流动转换为水的流动而不断前进的一个过程。

但如果这种流动受到更大的抗拒，陷入无法转换的困境而被阻止的话，流动就不是简单的中断或消灭，而是显示出了独特而意味深长的现象。这种现象迄今为止依据常识称为反复运动或往返运动，或称为节拍式的流动，但在此基础上再仔细观察，就会发现此现象有着须重新命名的特异结构。真实的情况是被拦截的依然不过是流动的介质而已，纯粹的流动本身并没有停滞。

我想把这样的现象比作日本庭园中常见的“惊鹿”[①]，用这种保持节奏的“惊鹿”结构为其命名。日本庭园中常设置小河，为庭院造型的惯例。观水之流动是日本庭院不可或缺的趣味，而“惊鹿”可谓倾听水之流动的最佳装置。“惊鹿”是将感觉媒介由视觉转换为听觉，不是将感觉作为媒介，而是直接感觉欣赏节奏的一种手段，这样的手段当然体现了节奏的结构。

“惊鹿”的流动媒介首先是水，起阻塞作用的是装在竹筒一端的戽斗。戽斗先抗拒着水的力量，不久，被往下压后水被泼出，反弹起来将竹筒的一端敲在石头上而发出声音。只要水流不断，这样的运动就会反复进行，“惊鹿”会使庭院中回响起节奏性的声音。纯粹流动，由竹管里流动的水变为戽斗中的水而改变了形状，水在戽斗里积蓄力量后爆发性地溢出，最后将媒介转换为声音传至人耳。

有趣的是，这种“惊鹿”的节奏几乎原封不动地显示了世阿弥所说的“序破急”的结构。水在戽斗中积存的那段时间相当于

① “惊鹿”日语为“鹿威し”，为日本庭院中体现水的流动的常用装置，也叫作“添水”。原为驱赶侵入田园的鸟兽的装置。——译者注

“序”，竹筒反转的瞬间为“破”，水泼出，竹筒敲在石头上可看作为“急”。世阿弥不仅发现了世间多种节奏中的一种，而且看透了其中最典型的姿态(结构)。

顺上文继续展开，其实，流动力与抵抗力是一种相对关系，流动力较弱的话，“惊鹿”现象也会以更纤细的形式发生。譬如观察雨后的树叶尖处积蓄的水滴，可以明白同样的流动与抗拒的对峙没有任何装置就产生了。水首先在叶尖聚集成像针尖一样的细小水滴，随着纤细的水流的增加，水滴膨胀。水滴以自身的表面张力抵抗流动，宛如用水自身做成的戽斗一样。暂时这个水滴与叶尖的黏着没有断裂，增加的流动的力量被阻截，水滴在叶尖随着叶子在空中摇晃。

不久，这种力量的平衡被打破了，膨胀的水滴离开叶尖，化为勾玉状的球坠落到地面。不过此后叶尖会开始下一次的水滴的膨胀。这种所谓的自然的“惊鹿”现象无处不在，几乎所有自然现象中都能看到。云层中雾状的水滴凝集，某一时刻成为雨的水滴落下也是一例，地下的岩浆形成块状上升，压力达到极限时就会突然喷发也是同样的。但这其中那让人感受到宏大而令人感动的节奏，不正是地球上生命的历史吗？

生物的生命力创造了数亿年的流动，但是在生命连续的反面，形成个体这样的单位，想来只能说是一个令人不可思议的谜团。个体本身是由生而死的存在，但同时在一定期间里是一种保持了单位的同一性的存在。从整个生命的流动历史来看，这种个体生命明显是堰塞，停滞，是对持续发展的抗拒。

而为何生命会为了自身的生存和发展，采用维持个体这样一种看似多余的方式呢？个体各自主张自我，为维护自身个体的同一性而斗争。就连原始性的小动物、鸟、鱼、两栖动物，都存在着雄性为繁殖而追逐雌性，与其他的雄性进行殊死搏斗的情况。这种姿态英勇无比而又令人生怜。并且，节奏结构也在个体成长的内部发生，形成发育期、成熟期、衰老期等阶段。最典型的是昆虫的完全变态现象，卵、幼虫、蛹、成虫等各个阶段显示了如不同的生物般的多样生态。同一生命体的流动经历如此明确的断裂，显示生命的“惊鹿”式结构，不能不说是令人感动的。

而且，值得关注的事实是，生物的进化以个体诞生时的突然变异方式发生，没有个体的代代交替，没有个体的死与生的断裂是不可能的。当然，生命作为个体生存，也能适应环境，仅在一代之内也能让自己发生变化。如果存在单一的永恒生命，也许也能实现相应的进化发展，创造无休止的生命史。但在现实中，新的物种的产生那样的巨大变化在一代个体的内部是不会发生的，必须通过遗传基因在亲子间的传递。如将生命史看作为遗传物质流动的历史，其流动在个体这样一种“惊鹿”结构上被堰塞，这样的戽斗里的“水”开始泼溢出时，会表现出飞跃性的力量的增长。

节奏：哲学的绊脚石？

如此说来，如果说节奏是前面所阐述的一类现象，当然就不能成为人类感觉的对象；不言自明，也不可能是联结主体与客体的意识的对象。现实中，海水可在远海，也可在岸边，如果感觉能触摸到的话，意识可成为指向，指出其所在。但穿行其间的纯粹流动，转换为各种媒介，虽不断与抗拒体冲突，却不显露自身的赤裸姿态。当然，其中有着类似“惊鹿”装置的结构、将律动刻画出的节奏本身，并未经感觉与意识的通道，已从不知何处直接渗入至整个身体。

正是这种节奏传递至身体的方法有着与众不同的独特，要使用惯用语言去表达这样的现象极为困难。本书中，笔者不得已用了“感受节奏”“节奏的感受性”等表达，而这种表达完全是权宜之计，容易招致误解。如要准确严密地把握对象的本质，首先要深入分析接受节奏的身体方面，有必要对身体究竟是什么重新定义，而要论述这样的重大问题，必须另起一章，从头阐述。

在此前提下，以目前的状况去找寻合适的表达，这种节奏在身体上的传递，谓之“共鸣”“共振”或比较合适。想来，纯粹流动顺利地转换为各种异质媒介，从水到竹筒，由竹筒至音响，跨越界域不断移动。节奏是由这种媒介的转换而产生的，可说是变形了的纯粹流动本身，它转换成身体——另一种媒介，可以设想在其内部引起了共振。当有人说“感觉到了波浪的节奏”时，可认为，真相是波浪的节奏已离开了波浪本身，成为身体的节奏而律动。

顺便提一下，节奏并非是感觉和意识的对象，毋宁说是在感觉和意识衰弱或迟钝之后身体上出现的情况，这一点本章一开始就举例说明了。越是意识不发达的婴幼儿，越容易与节奏产生共鸣，随着节奏摇摆，或是欢笑，或是安稳地睡着。他们最初的语言是由两个音节两组构成的拟声拟态词的现象也具有暗示性，而成人的情况是表达处于无意识状态时，对话中就容易出现反射性地说出的拟声拟态词语，这也是广为人知的现象。

说到此情况应想到的是本章开始所涉及的节奏的正反两种效果之谜，即令人难解的是，节奏有时使人情绪高昂，而有时让人昏昏欲睡。而这里还存在着意识与节奏的关系之谜，如将两者考虑为互相否定的关系，则定能解开此谜。因为无论是舞蹈还是分列式，节奏引发的昂扬感其实都是一种陶醉感，是与觉醒的意识相反的东西。意识上可认为，节奏是让成人返老还童，即同样的摇动的节奏，时而使人进入梦幻，时而让人迷醉于某事。

这样想来，节奏这一现象确实是人类既往的哲学很少论及和很难说明的主题。近代哲学确立以来，几乎所有的认识论都将感觉和意识置于认识路径上。具体的表达方法反复变迁，但认识确立于相互对峙的主客体间，连接两者的是意识的指向性的基本概念不变。认识的能动性在主体一侧，感觉和意识作用于对象，积极地把握对象。对认识的作用的这种理解，被广泛地共享。主体，如文字的“主”所表示的那样，有着“主要”“主动”等含义。这种思想除部分唯物论哲学外，已是哲学的常识。

在此，须急于说明的是，人们不能遗忘 20 世纪前半叶出现了梅洛-庞蒂这样的改革者，将身体置于认识的主体的位置上，据此克服主客体二元对立的观念的功绩。自笔者写作旧著《演技的精神》以来，本人深受习研其理论的恩泽，至本书为止，关于身体论的基本知识，多得益于梅洛-庞蒂的教示，这一点须言明在此。

但后文还会讨论这样的问题：即便是梅洛-庞蒂，其初期和盛期的主要著作，也未舍弃承认作为认识主体的身体存在着单方面的能动性的观点。他的身体是运动的身体，是作用于世界的身体，是改变世界和自我而感觉到的身体，这样的观点可从他使用的“身体的指向性”的表达上推测到。

然而，考虑身体与节奏的关系时，十分明显的是，身体对于节奏是被动的这一事实。首先，纯粹流动流入仅作为媒介的一种的身体，把身体作为引起“惊鹿”现象的场所。或在身体之外已完成了“惊鹿”现象的节奏本身渗透至身体内部引起共鸣、共振。最终节奏常常从身体内部向外发出，这种情况下身体发生了能动的作用，但这种能动性只是“惊鹿”结构运行中的产物，如戽斗反弹发出的声音一般，是被动性的极致反转而产生的能动性。

怎么看都觉得节奏对于哲学来说，宛如迄今为止未曾想到的绊脚石。今天，我愿尝试与此绊脚石作一番搏斗，但这场搏斗究竟是真正的认知的冒险，还是老朽的徒劳，不尝试一下是不会知晓的。

第二章
节奏与持续

克拉格斯的节奏与节拍的对峙

从哲学的角度正面思考节奏问题的大作,首推还是第一章提到的路德维希·克拉格斯的《节奏的本质》。题目上就一语道破主题;而内容上,则与以往美学上讨论的节奏论不同,克拉格斯试图通过此书,全面把握文明与自然中出现的所有节奏现象。单行本的初版时间是1923年,大抵是百年前的论著,但此后没有同类的书出现,作者的观点和必须讨论的一些问题,迄今并无陈旧之感。

即便如此,初次阅读这部节奏论的人,或许会为此书一开始的激烈言辞而不知所措或困惑不已。克拉格斯首先与一般人的常识相悖,从节奏中排除了被认为是与节奏有关的重要要素——"拍子(Takt)"的概念。说到节奏,谁都会联想到时间的节拍,而他则把时间的节拍,几乎当作节奏的相反概念来讨论。正如前一章所阐述的,节奏一词源于希腊语的"流动(rhēin)",如克氏所言,节奏首先是流动,且是不断持续的。

作为节奏的典型例子,克拉格斯举出了水面波动的例子:如浮在波浪上晃动的木片作上下运动的现象。上下运动是两点之间的往返,很明显在两端间发生了反转,但他拒绝承认反转中存在着断点。确实,波浪是波峰向波谷、波谷向波峰转移的过程,但其转移是平滑的,转向点不是锐角的折返,而是圆滑的弧线。弧线虽含有分节的契机,但节奏所起的作用是对不能细分的运动的持续性作悖论式的呈现。

对于克拉格斯来说,节拍最典型的例子是节拍器打出的拍子。可以说是机械性的"同一事物的重复",是不会引起任何感动的纯粹的规则性的现象。真正追求节奏的演奏家不会按节拍器的节拍原封不动的演奏,规则严格的分列式与圆滑的小步舞相比绝不能说是有节奏性的。一言以蔽之,相对于节奏是自然生成运动的事物而言,拍子则是人的头脑中制造出来的人工事物。

生命与精神的二项对立

克拉格斯略显偏狭地将节奏与拍子对立起来,出于其哲学的立场是与近代哲学之重要流派——"生命哲学(Lebensphilosophie)"为伍的。"生命哲学",其自身自然也是以理性思考为基础的哲学,但在对世界的认识上,与狭义的理性主义与科学主义不同,持有重视非理性力量、重视无法分析的生命整体性的观点。这种哲学的兴起与工业化的兴起在时间上处同一时期,某种意义上,是在哲学层面上对时代方向的一种批判,或是对时代思潮的一种补充。

站在这一立场上,克拉格斯强调的是"生命(Leben)"和"精神(Geist)"的本质上的对立。这里所说的精神是能动作用的理性、或与意识大体同义的概念。是从外部客观地把握世界,分析各种要素并将其综合的能力。而拍子则是这种意义上的精神(意识)的产物,是人将对象作规则性的切分,将切分的要素再次秩序井然地整理起来的技术。

作为一位生命哲学家，克拉格斯自然不欣赏上述说法，从这个角度看，很能理解他力图将拍子从节奏中排除出去的心情。这里顺便提一下，克拉格斯与“节拍”对峙而提出的“持续(Stetigkeit)”的概念，与后面要议论到的柏格森(Henri Bergson)的“持续(durée)”之间的关系可说十分暧昧。柏格森提出这一概念的时间是1888年，他也是著名的生命哲学家，很难想象克拉格斯不知晓这种说法，但不知为何，《节奏的本质》一书始终未明确提及这位前辈的说法。但从内容上来看，两种概念多半是指相同的内容。

与此相关值得注意的是，克拉格斯与柏格森正好相反，将意识这一概念视为生命持续的敌对物。对他来说，意识是有着与机器相似功能的能力，是与生命活动(即体验)不相容的东西。可举出睡眠这一现象为证：在意识睡眠的期间，体验依然在持续工作。他强调了一夜睡醒之后“心情(Stimmung)”会有很大变化的事实。心情与把握外界的意识不同，因体验感触是直接感受的能力，一夜睡眠后的心情变化证明无意识中体验仍在进行，这意味着感触的积累在心情上产生了作用。

依柏格森的理论，克氏的说法全然是自说自话，正是这种体验的直接感受是意识的功能。不过，此处须避开对哲学术语用法的深入探讨。重要的是，克拉格斯和柏格森都同样重视内在感觉，将其视为生命的直接体验。对两位来说，生命本质上是不断的流动，既不容理性的控制，也非意志的选择，无论意愿如何，只是将人载于其上流动向前的一次飞跃而已。

“分节的持续”

但这种哲学，对于只考虑持续问题的柏格森来说暂且不论，对于将节奏作为当下的对象来考虑的克拉格斯来说，将会带来重大的困难。自发现水面的波动为节奏的具体事例始，克氏无法从根本上排除对象的往返运动或有折返的运动。既要在意折返点是否划出一条弧线，或是刻画出了一个锐角的端点，也不能随意否定节奏为相反方向的两股力量所支撑的事实。事实上，全面否定节拍器的节拍的克拉格斯，不得不承认人类的音乐指挥所打出的节拍是有助于节奏的事实。

随着《节奏的本质》的论述进行到半程，作者逐渐开始让步，特别是对于二拍子的节拍，作者容忍了其强化节奏之作用的认识。二拍子，从精神的观点来看，是等间隔的反复，而从生命的观点来看则能视为上下的交替，后者不只是同一物的反复，因为生命可认为是一种"类似物的更新(Erneuerung des Ähnliches)"。他大声疾呼，所有的生命现象，无论是成长还是生殖，均不是同一物的重复，而是类似物的更新。

但即使同意了上述的观点，为让类似物的更新真正发生，在两个类似物间不是需要间断吗？类似物既然不是同一物，就应包含互相的区别，更新是连续的反义词是显而易见的。通过现实的生命的再生产过程可看出，永恒的生命需要个体的间断，特别是个体死亡的间断是不可或缺的。

前一章笔者曾指出，生命的奇妙在于个体的世代交替是不可或缺的，即不包含个体死亡的间断是不能连续的。对笔者来说，这种悖论才是节奏的本质，也就是说，从根本上说，只有内部包含间断的流动才是节奏。但克拉格斯虽然表露了与之相近的想法，且作为术语还使用了"分节的持续(gegliederte Stetigkeit)"这样的词组，但仍坚持把拍子从节奏中排除出去。

无论如何解说，这样的论说还是令人难以理解的。即使承认了生命的本质是流动，其敌对者是无生命的机器，为何两者的对立会表现为节奏与拍子间的对立，仍不为人们所理解。如果生命要与敌对者斗争，为何取拍子与容易混淆的节奏等形态，而不取永远持续的一脉流动、以一条直线奔流和喷发的形态呢？为何生命为炫耀自身的流动力，必须走节奏那样的曲折道路呢？

问题的根源，仍在于克拉格斯过于拘泥于生命一元论的纯粹，结果必然陷入宿命性的二元对立。具体来说，他不承认生命内部即包含着死亡，并错误地将全部非生命、机械性之物，定位为生命的敌对者。这种纯粹主义不得不承认敌对者的存在，但因无法说明敌对者是如何、在何处诞生的、其根源为何，它必然会陷于混乱而不能自拔。

众所周知，这种一元论的二元对立是自希腊以来贯穿哲学史的痼疾。当理念论认为"形式"是世界形成的原理时，就不得不承认形成"形式"的"质料"的必要性。自此开始，人们说到"精神"会联系"广延"，说到"主体"会联系"客体"，说到"形式"会联系"素材"，说到"科学规律"会联系"科学现象"，如此，在每次思考"本质性"之物时，建立其对立者。且通常会将这种对立者作为次要之物，并未给予充分的说明。

这个话题说来十分奇妙，实际上，克拉格斯反对传统的一元论二元对立，特别对源自柏拉图的精神优势说，采取了正面直击的批判。因他持将生命与精神相对立的立场，自然会把节奏作为精神的构成物来把握，将持有精神并不存在于外部世界的观点的哲学家视为态度"傲慢"而不予理会。依据他的论说，节奏是生命世界里俨然可直接观察到的现实，精神无法"生产(hervorbringen)"这种直观现象，最多只能"加工(verarbeiten)"而已。

正如前文所述，笔者虽与克拉格斯的立场很接近，但正因如此而感到困惑的是他过于固执于取代精神的生命一元论。如果最终仍要回到一元论的二元对立，那么用生命来替换精神又有何意义呢？十分可惜的是，他忽略了生命内部存在着死亡的事实，忽略了生命自身中包含着对立物才是生命的现实。像在玩语言游戏一般，当他丢弃了一元论的二元对立时，却没有以二元对立的一元论取而代之，让人感到十分遗憾。

对身体漠不关心

如要对克氏的论说再作点备注的话，需注意的是，克拉格斯虽是热烈的生命哲学的信奉者，十分奇怪，他却对可认为是生命的具体体现的身体几乎没有兴趣。在描述节奏与节拍的实例时，他虽讨论了舞蹈、演奏、分列式等与身体运动有关的内容，却丝毫未考虑身体本身是什么、身体与精神或生命是怎样发生联系的等问题。与此相反，他比较关注的是自然观念，由此暗示一种“有生命的自然”的哲学，这虽也颇为有趣，但无论怎么说，缺乏对身体的关注是他的论说的致命伤，将节奏与拍子严加区分似也是由来于此。

因为克拉格斯把生命的营生与机械性的现象对置起来，使两者处于互不相容的位置，如果他能注意到身体的存在，那么应该可以发现，机械的、生命的、甚至文化性的营生，实际上是渐次分层地相互连接着的。

仔细观察身体现象的实际情况，既有由于光的刺激而瞳孔收缩的纯粹的机械性反应，也有内脏和大脑里发生的各种有机的运动，还包含被称作习惯的由文化性条件带来的营生。而且它们不仅是并存的，还相互嵌入性地连接着，这一点只需观察一下拟声拟态词就会明白了。打喷嚏是鼻孔受刺激后的一种机械性反应，但人类对这种反应在无意识中进行了文化上的控制，日语中的“はくしょん”，英语中的“achoo”，就像语言的单词一样以具体的形式向外发出信息。

实际上，克拉格斯在区分精巧的演奏与幼稚的演奏时，可说其认识仅离发现身体现象的渐层连续性一步之遥了。因为他强调了幼稚的演奏是只注意规则的机械性运动，而熟练精巧的演奏却是充满着柔和的生命感的。显然，幼稚和熟练之间有成长的连续，有通过练习掌握的过程的渐进性，但不知为何他未注意到这个事实。岂止如此，反而他进一步认为这一事实表明了机械性与生命性的区别，更迷信于强化二元对立论的思路。

克拉格斯生命论的根本缺陷，源于这种对身体的漠不关心。身体是种族生命的一个片段、即个体生命的别名，而个体生命正是把死亡作为媒介与种族生命相连的。身体有出生和死亡这样的明显的断层，正因为有了这种断层，世代交替才变得可能，种族生存延续的机会也会增加。一旦关注身体，一定不会无视其中显而易见的成长和衰退，生与死。

如果更仔细地观察身体，譬如其中的节奏与意识间的关系，一定会显示出其更微妙的身姿。的确，节奏不需要以意识的指向性为中介，而是在不知不觉中直接让身体产生的共鸣。在承认这一点上，我和克拉格斯的意见一致。我们都指出，音乐节奏带来的昂扬感其实是一种陶醉感，与其说是意识的觉醒，毋宁说是近似睡眠的一种状态。

但更进一步，我们两人的观点就不同了。克拉格斯把这种陶醉看作为从机械规律性中完全解放出来，从而实现了生命的无限自由的过程。事实上，他就是把节奏上的陶醉感看成了与醉酒同类的无意识，认为轻轻地醉酒比清醒时更能节奏性地舞蹈。依这样的推论继续追问：更深的醉意，彻底地进入无意识性，会怎样呢？这样提问显得有点故意难为人，且就在此打住吧。

对这点后面还会有机会详细讨论，概要地说，我把这样的节奏的陶醉感看作与醉酒完全相反的东西，毋宁说更关注的是无意识带来的规律性精密、远远超越意识性行为的秩序形成力量。而产生这些东西的正是身体的习惯，尤其是练习培育起来的积极的习惯性能力，也就是俗称“技能”的东西。

简而言之，无论跳舞还是弹钢琴，更极端地，单纯的两条腿步行，能流畅地、准确地进行，非习惯又能是何物？如果清醒地意识到钢琴家的精巧的手指运动而试着去弹奏，被破坏的不仅是流畅感，更是正确性。即使是平时习惯了的双腿步行，一旦要有意识地支配每个腰腿动作，人不但不能正确行走，还会摔倒。

无意识带来的正确性、由断绝而增大的流动、包含死亡而生存的生命，无论从哪个角度来看，都是一种悖论。而这种悖论才是节奏的本质。虽说克拉格斯的纯粹主义宿命地忽略了一切悖论的特性，但即使这样，节奏拥有的力量仍让这位纯粹主义者至少承认“分节的持续”这样的对立统一。当克拉格斯说“心(被节奏)夺去(ergriffen)”时，恐怕是因为节奏不是作用于他的哲学头脑，而是直接作用在他的身体上了。

“那不是什么”的纯粹持续

了解了克拉格斯把节奏定义为“分节的持续”后，接下来就应去考察持续观念的本家——柏格森的哲学。柏格森虽不能说是19世纪末20世纪初贡献最大的哲学家，但也应是最具战斗性的哲学家。他作为手持“纯粹持续”这一独创武器，全面挑战希腊以来西方哲学的思想家而闻名。迄今为止，谈论柏氏哲学的图书汗牛充栋，即使非哲学专业的，也有不少人对“纯粹持续”有模糊的印象。

但一旦认真面对柏格森，想要了解什么是“纯粹持续”时，就会意外地发现很难把握这个概念的严密印象。即便是读了哲学家写的解读，并接触了柏格森本人的论说后，得到的印象还是“那不是什么”“什么与它相对”，而不是这个概念自身任何有积极意义的内容。

读一下被译为《时间与自由意志》的柏格森处女作中的《试论被意识直接给予之物》，作者自己从一开始就阐述了积极地描述“纯粹持续”的困难。因为“纯粹持续”是无法进行分析或客观化的，而承担描述功能的语言本身就是分析性的。

但对我们来说，原本“被意识直接给予之物(les données immédiates de la conscience)”这样的说法里，很难理解“被给予”或“直接”是什么意思。到底是意识以独特的方法把握了什么，还是意识本身变成了与平时不同的姿态？如果是前者的话，意识始终处于传统的主体的位置，不管距离多么近，还是把对象放在眼前看着。这样，不仅暗示“被给予”的被动语感就消失了，而且“直接”也只不过是与对象之间的距离的远近程度问题。那要说到后者，柏格森并没有暗示这一点，相反，关于意识的作用，他使用的是“反省”这一传统用词。

他把“反省”的概念用作正反相对的两种意思，在某些地方将他所说的“被意识直接给予之物”用“直观”一词来描述。而另一些地方，则反过来把目光转向外界，指理性基础上的对象分析或计量。这显然是由于疏忽造成的错误，但我们必须作为问题来看待的不是错误本身，而是他真正重视的“反省”的第一意义。这里出现的一个深刻的问题是：所谓内在直观的内容，由此变得愈加模糊不清了。

“直观”作为哲学用语使用时一般都颇难理解，胡塞尔(Edmund Husserl)的“本质直观”亦类似。就此而论，即便通读了柏格森，对其相关说明也不禁会有同义重复之感。他所主张的直观似指意识的直接给予，所谓意识的直接给予即是通过直观捕捉到的事物。加之，将直观与理性分析和计量对峙，其结果或许使人会有这样的印象：意识与之方向相反，但亦属“观”之行为。柏格森所主张的即是：正因为内在与外界的对象不同，意识坚定地立于一定的观点上，注视某些事物。意识不是被动地“给予”对象，而是积极地把握对象的主体。这种印象似不容动摇。

与此相反，直观是怎样的意识活动呢？柏格森对此的说明非常清晰。这当然不是受外界刺激的感觉作用；也不是统合感觉刺激，形成表象的想象力；更不是给表象起名，描绘知觉地图的悟性作用。悟性和知性都是他所说的直观的敌人，这种东西使常识性的头脑模糊不清，所以人类很难发现直观的正确作用。存在错误的不仅是常识，科学与古往今来的哲学都受到同样的思路之诓骗。认为时间是有长度的，有长度的东西能无限地分割，相信分析性的语言能说明所有事物等，全都是被悟性与知性欺骗的结果。

正是这种不让人迷惑的想法、与悟性和知性完全相反的心灵作用才是柏格森所说的直观，而直观能直接捕捉到的就是“纯粹持续”。当然，从成为对象的“纯粹持续”是什么这一点开始说明，就出现了是没有长度、广度的东西；是不能任意分割的东西；是常识不能感知和认识的东西等迂回的暗示。

具有象征意义的是，他在说明“纯粹持续”时，几乎十分高兴地表现了对否定芝诺的悖论逻辑的执着之念。有不少人知道，芝诺(Zeno of Elea)犹如希腊的智者，沉湎于诡辩游戏之中，玩弄如被射之箭永远无法到达靶子，快如风的阿基里斯(Achilles)永远无法超越乌龟等猜迷般的逻辑游戏。两者都以空间可以无限分割作为前提的，既然飞箭和阿基里斯都必须通过无限的中间点，那么，要到达目标就需要无限的时间。柏格森明显地抓住了这些不合常理的诡辩之误，正好与其一刀两断。

毋庸置疑，柏格森的时间论不是讨论时间长度的，他的理论一下子就飞跃到了运动与空间的扩展无关的结论上：本来运动通过无限的中间点的前提就是妄想。当然，这种驳论是很容易理解的，他所说的时间和运动是什么，可以以身边的事物来理解。然而具有讽刺意味的是，不能否认柏格森为驳斥芝诺一类的谬论，而拿出来的“纯粹持续”，不外乎杀鸡用牛刀，反而让人想到了柏格森自身的苦涩。为让常识人明白“纯粹持续”是什么，他只好找出常识中也知道这是谎言的驳论，来对这种一目了然的谬论敲打一番。

纯粹持续与静止点

如果说纯粹持续是不能分析的现象，用原本是分析性的语言就很难记述，如果还是要用语言来说明，就只能依靠比喻了。柏格森一方面概念性地定义了运动的一跃之间、无法计量的质性变化、异质性的互相渗透、内部紧张的昂扬等说法后，为更具体地把事情搞清楚，使用了几个巧妙的比喻。在《时间与自由意志》第二章中详细描述的旋律的比喻、《物质与记忆》第四章中涉及的跳跃的比喻等，就是其中的典型例子。

但是，当柏格森开始积极地说明纯粹持续时，换言之，开始说明“持续是什么”时，意外地发现他自己对此的印象有所动摇了，有时他感受到脑海中浮现出其他非持续性东西的印象。简而言之，在《时间与自由意志》同样的第二章中，我们了解到，他在反驳芝诺的悖论时，并未就飞矢不动、阿基里斯追乌龟等题目，对人的身体运动进行充分的观察。譬如他描述阿基里斯的“一步一步是单纯、不可分的行为”，数行之后，又写道“阿基里斯运动整体”形成了质的统一，与另一种“乌龟的步伐”进行置换是错误的根源。

从一开始谈论身体的疾驰时，不区别其中的“一步一步”的跳跃与“快跑”的运动整体就是一个问题，在此暂且不讨论这个问题。现在假设取前者，将“快跑”中的一步步的跳跃作为持续的形态，这个形态似乎看起来与不间断运动的统一这个定义很相符。但此种情况下，没有搞明白的是跳跃的开始和终了，蹬地的起跳点和到达的着地点是在持续的内部还是外部的问题。如果此两点在持续的内部，持续不仅有运动，也包括静止，并且不得不考虑包含极强有力的静止。

无论是步行还是快跑，重要的是每一步的起跳和着地的确实存在的静止，如果脚在那一点上滑动，运动整体就无法形成了。射箭运动也是的，如果没有拉弓时姿势的静止和箭射中靶的瞬间的静止的话，运动整体的意义就不成立了。如柏格森另行定义的那样，纯粹持续是质性的紧张昂扬，那么必须说，这种紧张昂扬正是在两个静止点中才有的。如果这样，换言之，纯粹持续就意味着内含力量的静止，这可能不是柏格森最终所期望的。

另一方面，如果选择两个静止点在持续以外的第二种见解，则必须回答柏格森根本没有准备的问题，即持续本身将如何开始、如何结束。在《物质与记忆》第四章中，他承认运动两端有“休止”现象，并重复强调其间通过的运动是不可分割的。书中例示的运动是从休止点 A 到休止点 B 的手的移动，但应注意的是，此时他的观察极为表面化，没有捕捉到身体运动的具体姿态。

那只手是为击打什么而运动？这里没有区别是为拍除溅到身上的火星的反射性运动，还是无意识地在膝盖上的滑动。他只说，那项运动是由视觉与肌肉意识所引导的，而只是在膝盖上滑动的手的运动会被意识到吗？众所周知，人类的手仅作为一个物体，在熟睡中，或失去意识时都会移动。因此，如果只想把由肌肉意识引导的运动称为纯粹持续，可以认为那样的运动至少是与肌肉意识一起发生的，不过，如果是那样的话，那个意识的发生点不是应考虑存在于运动之外吗？

并且，柏格森经常把运动与空间性移动作对比，因此运动的开始点与终止点的空间场所问题，可等闲视之。不过，现实的身体运动不一定伴随着空间性的移动。愤怒过度而握拳，恐惧过度而全身僵硬时，身体不运动，但肌肉的紧张极度提高且持续。不可忘记的是，在那种情况下，也一定能看到紧张的开始和结束，而留下的问题是那个意识是存在于运动内部还是外部。

纯粹持续的结构

乍看或许像在存心挑刺，但实际上这是关于纯粹持续中是否存在结构的本质性问题。对“阿基里斯的运动整体”这样更大的单位进行持续观察，问题就更明确地向我们逼近。因为追赶乌龟的阿基里斯的快跑不只是一口气的跳跃，而是有着起跑、中间加速、最后冲刺这些明显的阶段区分的。而典型的跳跃——助跑跳远也有包含助跑、起跳、保持空中姿势及着地的结构性次序的。

柏格森自己并不是完全没有注意到这个问题，《物质与记忆》第四章中在描绘阿基里斯的疾驰时，承认了它由“几个不可分的跳跃”构成。既然是“几个跳跃”，那么几个跳跃间应该有分界点，介于这些分界点，各个跳跃间会产生动态关系。可以说柏氏也暗暗地感觉到，阿基里斯的疾驰整体，一方面贯穿着向前进的持续，另一方面，其中也存在着可分节的运动单位。

最具启示意义的是，柏格森把纯粹持续比喻成音乐的旋律。在这里，他的说明十分精彩，获得了成功。但就在那一瞬间，我们心中却产生了重大的疑问(《时间与自由意志》第二章)。他的旋律的比喻精确而美丽，异质性的相互渗透、质性的紧张昂扬等一类定义具有强大说服力。的确正如他所说，人被旋律所感动的，不只是因为音符的排列，前后声音的相互融合、成为一体，产生了某种质性的状态。他指出，当旋律中的一个音符被错误的拉长时，人们感受到的不是音符长度(量)的变化，而是欣赏本身的质性异常，享受音乐的人是带着满腔的共鸣来接受音乐的。

然而，在这种共鸣的下一瞬间，立刻会有这样疑虑：旋律的美与和声的美有什么不同呢？比如“ハ(ha)・ホ(ho)・ト(to)”、“ハ(ha)・ヘ(he)・イ(yi)”等多种音节会产生的好听的和声，在这种情况下，异质性的相互渗透、质性的紧张昂扬确实完美的呈现出来了。这样的话不如说，只形成一个音，比起旋律来，融合度更高，可看成实现了的仅有纯粹质性的块体。柏格森的纯粹持续的定义看上去与和声更相适合，换句话说，没有界限、没有抑扬顿挫的无限持续和声才是典型的纯粹持续。

但如果直接阅读描写旋律之美的柏格森的记述，就可一目了然地发现他并没有这样考虑过。他是区分了先行的声音与后续的声音后，把两者以独特的方法融合起来的状态称为旋律。这里不应忽略，论述旋律时的他，在强调声音间的“无区分(sans la distinction)”的同时，持续地反复使用“继起(succession)”这个词。“succession”这个语词是指通常为不同性质的存在，其两者间的延续。人们很自然会想到，虽微不足道，但它暗示着两者间的断裂和间隙。

这样的“继起”是怎样无区分地产生的？不同的音符，保持不同的状态，又是怎样融合起来的呢？柏格森阐明极敏感的这一点的解说确实颇具启示。虽仅一行，但毫无异议，他指出了旋律中发生的声音的意义性顺序的逆转：人们“在后续的声音中听到了先行的声音”这一事实。虽已无须赘言，与本书第一章笔者关于节奏、尤其是文化性节奏的完结性的阐述是一致的。

在节奏中，“序破急”虽被相互区分开来，“序”由接下来的“破”的来到被赋予了意义，“破”在“急”的后续到来时才开始被赋予“破”的功能。于是，整体由于发生了时间的逆转，联结成了“序破急”的持续。据柏格森之说，旋律，同样有着与之相同的逆转构造。或许他在解说纯粹持续的同时，不知不觉地从一开始就在讨论节奏了。

质性变化是否持续？

之所以产生这样的疑问，在于他的根本概念之一“质性变化”现象本身。仔细想一下，会发现这一概念里是孕育着问题的。众所周知，柏格森的理论努力的全部毫无保留地奉献给了“质”，而以排除可测的“量”为目标。连时间本身，他也不认为能用钟表计量的变化是真的时间，而意识内部感觉到的质性变化的堆积才是时间，这是他的理论的第一步。

但在考虑那些问题之际，他似乎忘了人类意识的朴素性质，那是一种感觉事物变化时的极限。只要意识是人的意识，就有一个“阈值”，谁都知道人不能感知一定量以下的变化。所谓“煮青蛙”

的比喻也适用于人类,并非所有极微变化的瞬间都能让人感受到,而只能间歇性地感知有某种程度间隔的某种量以上的变化。

譬如,彩虹的颜色常识上是七色,用"七"这个数字来数那个微妙的颜色带,已说明了感知阈值所具有的宿命性的有限。物理上从红色到紫色的颜色变化是没有界线的,但意识却只捕捉到各个颜色带的中心,感觉有七种颜色。同时观察七色的意识在各颜色相互间感觉到了界线,并认识到当视线越过颜色的中心部分时会发生变化。如"阈"的汉字或英语表达"threshold"那样,"识阈(threshold of cnsciousness)"[①]如文字所示,是意识应跳跃的门槛,只是划了一条界线而已。

从这个意识的本性上看,柏格森所说的直观的无间断质性变化——这种思路就变得极为难懂。即使这个世界上存在着如此独特的变化现象,至少生理性的意识是无法靠近并感知这样的东西的。即便这样,仍想强辩纯粹的质性变化是实际存在的,那就只能推论:意识达到一定阈值停止后,理性地回顾之前的活动,应有某种变化存在的。或是与此相反,如想彻底地同时捕捉未达到阈值的极微变化,听起来十分讽刺,人们只有拿出柏格森最讨厌的计测机器,去量化地计量被无限细分了的数值的变化。

反过来总结这件事,柏格森的纯粹持续,即使是极为精致的思辨的产物,至少不是"被意识直接给予的东西"吧。坦率地思考一下,我们反而由此得到了柏格森的教诲:被意识直接给予的,像七色彩虹那样,是被阈值分隔的持续;是包含停止而感受到变化的流动,而这只能是节奏这样的事物了。

---

① 识阈,日语原文为"識閾(threshold of consciousness)",该词可展开为"意识阈值",指某感觉意识出现和消失的边界。——译者注

身体的记忆与节奏

有趣的是,柏格森时常会“不打自招”地无意间露出真意,试图论证某事,结果却无意间得出了一个相反的结论。

典型的例子是《时间与自由意志》第二章中讲述记忆之不可思议的一节。他在那一节里意图举例说明,意识存在着可以感觉以数量的堆积带来的质的能力。他以自己的经验为例,回顾了在埋头工作当中,注意到报时的钟声时的意识现象。现实中,时钟响了四声,但处于忘我状态的他注意到钟声时,是第二次钟声以后了。尽管如此,等到意识到钟声后,回想起来,总觉得在哪里还残留着不可思议的时间堆积,这种感觉一直得不到满足,直到有意识地数到钟响了四次。最终,他感觉听到了之前未听到的第一次钟声。

确实,很多人都有类似的经验。说起来,谁都会认为这是一种不可思议的经历。柏格森是一位对这种细微经验很敏感的观察者,毫无疑问,这是他的学问具有魅力的重要因素。而且,把这样的情况当作能把数量作为质来感受的实例是极为合适的,当作时间经过作为当下对质的感触的示例也可以说是极为合适的。读这一段文字时似见柏格森脸上露出了洋洋得意之色。不过,稍留心一下,会明白这里也潜藏着论述的漏洞。即,他把这种现象当作意识活动来谈论,但无论怎么看,所着眼的内容是忘我的状态,毋宁说是应称为无意识的行为。

尽管意识已投入到当前的工作中去了,但如果还是听到了时钟的声响,很清楚那不就是身体在作用吗？耳朵与脑的中枢,以及全身微弱的共鸣运动捕捉到了四次敲击的声音,除了认为这是意识之外的记忆没有其他合适的说明。身体本身具有记忆力的现象有很多例证,比如用指头触摸的瞬间想起了眼睛看到但想不起来的以往的经验,这类现象已广为人知。本来,习惯的形成,如没有身体的记忆力就不可能实现。就像之前提到的那样,钢琴演奏的手指运动本身就是手指记忆行为,这种活动中意识的记忆力反而会造成学习的妨碍,这样的事实已无须再特别强调了吧。

虽是屈指可数的"生命哲学家",柏格森却与克拉格斯相似,也不承认具体的身体有何重要的哲学意义。克拉格斯还将意识置于生命的对立面,关注体验的超意识性质,而对柏格森来说,生命不过是意识本身。

当然,如果这样说的话,我们必须做好准备,接受《物质与记忆》的支持者们的猛烈反击。与 1896 年初版的《时间与自由意志》相隔八年的这本著作,从表面上看,几乎全篇都能看成在讨论身体。副标题是"试论身体与精神之关系",序文明确宣布此书是论述"身心关系"的,确实全文都在热情地讨论身体与意识的关系。

但坦率而言,如此鸿篇,越读越强烈的印象是他的身体论一方面片面地集中在生理学、解剖学上,另一方面则过于偏重实用主义(pragmatism)思想。众所周知,柏格森擅长自然科学,广泛知晓 19 世纪末先进的生理学知识,但不能否认此事却带来了事与愿违的结果。身体往往被还原为脑和神经的功能,无意间丢失了常识认可的那种模糊的整体性。另有一个事实是,他对威廉・詹姆斯(William James)抱有好感,亲近实用主义哲学,也因此导致他经常只从有用性的观点来把握身体,招致了对与成果无关仅是运动的身体的忽视。

柏格森的身体论

从第一章开头起，柏格森就把身体本身定位为外在事物。身体是为运动各种其他外在事物，作为作用中心发挥功能的。柏格森仅在此点上承认身体是特别的事物。换言之，身体仅为有用的行动而存在，基本上不是一种为把握外界、描绘外界的存在。他断言：身体不能从其内部引出外部世界，无论怎样，都不可能产生表象。而他所提出的理由，其逻辑是：脑和神经组织一类事物既然也是外在世界的一部分，仅为部分的事物无法生成整体。

这里，身体被脑和神经组织还原而外在化，暂且不论此论点的对错，很明显在此常识认可的与那个特异的“我”的亲和力并未被发现。从内侧被直接感知、经常在我手边，有时会与我本身同样看待的那个特权性的存在感被遗忘了。对于柏格森来说，身体始终是他所说的物质，是万人所具备的生理性肉体，而不是作为个性的身体而生存的“我”。

上述的论说中，把身体看作对外界的作用中心已是生理学的偏见。柏格森忽略了一点：如果在身体内直接感受身体的话，行动的人绝不可能以身体作为作用中心来自我感觉身体的。学习下一章中要详细讨论的格式塔心理学中“图形”与“背景”的关系后可认为，对行动的人来说，作用中心完全是外界，如果将此看作意识的“图形”，身体作为那个“背景”即可说是隐藏在手边的事物。但对允许意识具有万能之神般的支配力的柏格森来说，无法认可避开意识的视野而暗中作用的身体。

另外，在第二章开始，柏格森将身体比喻为一根“导管”，其作用是收集外界的多种运动，在反射运动的情况下将其传达给规定的运动机构,在自由随意运动的情况下将其连接到被“选择”的一定的运动机构。但值得注意的是,对自由随意运动中不可或缺的运动选择,柏格森绝不承认运作这些的是身体。行动也好,表象也好,大体上进行选择的通常都是意识,反过来说,意识正是为选择而产生的。当生命发展而逐渐复杂化,无法立即以反射运动来处理的未决定区域增多的情况下,通过选择来解决未决定而产生的即是伯格森所说的意识。

但如果仔细观察现实中活着的身体,其实身体是反射运动和意识之间,无法确定的模糊领域中的作用存在。譬如,通常的呼吸几乎是反射性地进行着的,很少有意识参与其中。但有时空气变稀薄或运动激烈时,人会有意识地加深呼吸或用力呼吸。仔细回顾一下,应能注意到在反射转换到意识的极微妙的中间阶段,连续地渐层性地发生了一些情况。首先呼吸反射性地变得粗重,不久这一事实变成呼吸痛苦被感受到,到了那个极限就不由自主地开始意识性的深呼吸了。

柏格森的想法中缺少的东西,无疑是这个模糊领域中的身体作用。这种作用在被动的同时也是主动的,或可以说是随时准备转向意识性选择的蓄势待发的被动性。这种身体的两种含义不仅对行动,而且对知觉性表象选择,均能明确地辨别清楚。为使意识注视什么,首先需要能看到什么,把能看到的东西拾起是身体,不是意识。这方面,身体有其本身的个性,对状况或敏感或迟钝自不必说,对什么敏感则有一定的倾向,换言之容易感觉到什么是有其固有的癖性的。

这样的身体本身的感受性、表象选择能力的最佳证据,其实是前一节引用的柏格森的那个时钟体验中叙说的内容。当他埋头工作而处于忘我状态时,其实他的身体从一开始就倾听着全部四次钟声,而且很可能是把它当作四拍的节奏来听的。迟到的觉醒的意识从身体那里接受的东西,一般认为还不是钟声本身而是那个节奏。这样,意识恢复了漏听的最初一次钟声,并注意到四声时钟全部听到了,其中的道理,不用说明就明白了吧。

节奏一旦转移到意识中,就带有在第一章中阐述过的单位形成性质,根据其性质,自然而然地以完整性为目标。就像熟悉的旋律缺少一个音,背诵的诗句中忘了其中的一句时那样,节奏的感受性能起到填补缺口、恢复完整性的作用。柏格森的意识复苏了漏听的钟声的力量,是与“滴答哆答(ticktack)”这样的拟声词以每两个音节为单位归纳的那种力量相同的事物。

柏格森的身体与物质世界

从提倡“纯粹持续”这一独创概念的瞬间开始,柏格森就不可避免地被负着解释其与常识所把握的物质世界、自然科学所观察的物质界之关系的责任。因为,即使那样的物质界是荒谬的产物,他也有义务去解释为何会产生那样的荒谬的。他自己充分认识到这一问题,《物质与记忆》这部大作实际就是解决这个问题而写的。

然而,无论怎样深入阅读这部博学且条理清晰的大作,显现出来的越发是他面对的极其深刻的困难。自认本人的读解能力肤浅,但宁愿为在这点上得有识者的斧正,也要在此间记下本人的存疑。柏格森的目标在于回避意识与物质的二元对立,将传统的观念论和存在论融和起来。不过,这种努力到了接近完成的紧要关头,却受“纯粹持续”的严格态度之妨碍,在临近成功前一步处停了下来。

首先,这本大作的一开头,柏格森就引入了迄今为止未曾接触过的新概念——独特的“形象”概念。这不是内心的映像,也非外界物质的表面,而是两者的中间状态。柏格森自己给出的定义是“较之观念论者称之谓表象之物更高位”的存在,“较之存在论者称之谓事物更下位”的实际存在。并且依据他的论说,物质包含人的身体,都是这个“形象”的集合体。

这种想法乍一看很有魅力,似乎介于观念论和存在论,柏格森的愿望在其中隐含着。但他认为,并非如从此概念出发直接将意识与物质的整体形象编织出来那般朴素,意识毋宁说是在这种“形象”之外,起着将其变为表象的作用。意识具有选择“形象”的一个面的功能,意识所选择的这个面叫作表象。这一段细细读来特别难懂。成为表象前的“形象”存在于外界,其集合体就是物质,这不又返回了用词不同的朴素存在论吗?

与此相矛盾的是,始终相信意识万能的柏格森,另一方面又解说物质本身是由意识造成的。其间关键在于书名中所记载的“记忆”的作用,与之对立而作用的“纯粹知觉”的二元性。如要急于拿出结论,那就是记忆的时间流动造成了意识的内部,偏离那种流动的纯粹知觉造成了外界的延伸。

柏格森认为,知觉是意识与外界的最初接触点,但它不是容易被误解的那种单独瞬间感受外界的能力,而是经常被过去的记忆所影响,受其着色的行为。只要意识正确地绷紧,知觉就在不间断的记忆流动中,产生了颜色、声音、触觉等感觉性的东西,换言之,表象产生了记忆的流动。记忆是拥有使每一瞬间的纯粹知觉互相嵌入,使之“凝缩”成一连串感觉性持续的能力。

这个记忆与知觉的关系确实很有说服力,但这样的记忆是如何创造物质世界的呢?柏格森在这儿援引了之前的“形象”概念,主张外界的事物原本“分享”着知觉的本性。因“形象”在表象与事物之间，确实可说是分享了双方性质的存在。柏格森重新依据此点，主张知觉虽是意识的作用，但作为“形象”本来包含着“延伸之物(l'extensif)”的性质，它介于延长与非延长、物质与意识之间。

这样考虑的话，事情变得很单纯，结论就是物质世界正是从记忆的状态开始，更具体地从记忆的松弛中派生出来的。如果内在的感觉的质性是记忆凝缩了知觉后的产物，那反过来扩展到外界的物质性事物就是记忆的统一力松弛，每次知觉零散捕捉的对象的集积。简言之，紧张与凝聚力高的形象就是表象，紧张缓和扩散的形象就是物质。

但一想到物质性事物是由意识的松弛造成的存在，立刻浮现出来的问题是，不管怎样，把这样的事物概括为个别的事物的力量是什么？无论是水滴还是结晶体，或是器物、工具等人工物，物质性事物作为具有各自轮廓的个体在空间中并立。柏格森自身反复定义了外界事物的不可动摇的同一性，因此有必要在意识外发现其形成的力量。

但他拿起的这样东西，对笔者来说是非常遗憾的：他所考虑的是身体的负面作用。之前曾叙述过，对柏格森来说，身体只不过是实用行动的主体，为完成目的，经常是以方便为追求来把握世界的。从那样的观点出发，他进一步主张身体只要实用地行动，就可理解为能计量、分割世界的延长性存在，这样做很“方便”。仔细想想，其间为何对行动来说，如此通俗的世界理解是方便的呢？没有与此相应的哲学说明。仅仅得到些如同义词反复般的说明：只有当前行动的人，才理解这个世界。

而且，柏格森对身体的否定性见解不仅限于此。一般来说，人们将现实界误解为物质性个体的集合体是在于，个人将自己的身体作为个体物,“有自信”地识别之,并在所有其他事物上看到它与其他事物的类似性。他具体举例说明了吃食物时的身体,吃食物的身体与能吃的对象的区别很明显,两者是各自不同的个体。一旦当他这样说,他看到的是与生物学食物链相连的个体,已经被客观化物质化的个体。观察现实,吃的身体总是按原样与被吃的身体交换。那样的身体成为所有个体的原型,应难以想象拥有“有自信”被识别的特权。

如果我仔细观察我自己的身体,入迷地吃东西时,我“有自信”地感受到的是食物的美味,不是自己的身体。与此相反,如果我想从特权上感受我的身体,我只有放弃与柏格森相违背的一切行动,潜伏在身体内部去直接感受它。这样一来,身体有时候无精打采有时轻松;有时感到卑微有时感到伟大。不管怎样,都会发现是带着“有自信”的心情而存在的。

笔者曾在拙著《世界文明史——神话与舞蹈》中,将“做的身体”与“在的身体”对置,认为后者具有包含神话与舞蹈在内的重要文明基础。同一本书中,笔者介绍了柏格森的《道德与宗教的两个来源》,指出他晚年放缓了纯粹持续的一元论,承认人类规范意识中的“两个”来源。但他却始终把社会当作实践行动的场所来规定,只考虑其功利性产生相应的社会秩序规范,想到这点,总让笔者感叹不已。

柏格森是一位终其一生,努力扬弃可称为西方哲学痼疾的观念论与存在论之对立的思想家。他批判表象或物质非此即彼的选择,抨击两种论调各自独善其身的纯粹主义为“一丘之貉”。其志向虽宏大,他却想通过克服传统、以追溯更纯粹原理的方法去完成,不能不说颇为遗憾。将活动的活着的物作为原点,意图超越笛卡尔(Rene Descartes)的柏格森,却在固执于“清楚而明晰的感悟”[①]上,依然无可奈何的是笛卡尔的信徒。将暧昧、两义的东西作为思考的原点,虽反复试错,却对他而言是难以越过的关口。颇费周折而得到的“形象”这一独特的两义概念,却无法直接引导出表象与物质的关系,不得已再次仓促返回了意识的一元性。

将身体实用性地仅局限于“做的身体”,抹去“在的身体”的暧昧性的结果,他忽略了身体“直接给与我”的活生生的侧面。结果,最具讽刺意味的是,他无法充分说明在否定性意义上用尽其能的暧昧的概念、意识深处的“延伸之物(l'extensif)”的概念,而不得不唐突地塞进了这一概念。

节奏论有赖于柏格森而兴起

虽如此,已再无必要反复对柏格森进行批判了。尽管存在所有的混乱与不足,但他确实完成了哲学史上前所未有的革命。他的明确无疑的功绩是完全改变了认识的原点,排除了以往无论是肯定还是否定,谁都最直接作为论据的感觉。

根据以往的哲学,感觉是人类接触外界的第一步,经验论者通过论证其可信性,观念论者将其否定为错觉而开始思索。但柏格森对感觉论据的存在不置可否,只主张对认识来说,就原点而言,应有其他更直接的能力和论据。其能力就是他说的直观和反省,其论据是否为“纯粹持续”即便值得怀疑,这一构想的转换之重要性是不变的。

更具划时代意义的是,柏格森将直接论据当作纯粹的运动,将

① “清楚而明晰的感悟”(clara et distincta),笛卡尔哲学术语。——译者注

运动的物体与运动的媒体区别开来。因运动的物体是感觉的论据,这样的区别应说是理所当然的,而认为纯粹的运动不是观念的产物,而是现实存在的,确实应该说是革命性的。至于这一期间,运动有无结构,换言之,有无多样的形态,对他自己来说,已是次要的问题。

就这些根本问题来看,我坚定认为,柏格森已来到了不为人知的节奏哲学的门前,即便是谨慎而言,也已到了临近之处了。实际上,对我自身来说,将节奏思考为不依靠感觉的体验的直接论据,并将纯粹的流动从流动的媒体中区别出来之际,正是本人忠实地追随柏格森之时。这一点读者各位都已十分明白了。

思想史的领域,常言后世之批判者不过是“站在巨人肩上”看世界而已。确实是至理名言,柏格森对我来说是巨人。在此,虽要提到笔者的直言:柏格森与其阐述“纯粹持续”的意图相反,实际是在讨论节奏,但此言绝非揶揄和讽刺,而是笔者想表达的真挚谢辞,望读者当以此意接受之。

第三章
节奏与身体

完结性很强的节奏单位

节奏是整个世界随时随地会出现的现象，不过，应特别加以描述的独特的出现场所则是人的身体。身体本身不外乎生命节奏的一个单位。不过，个人的身体有着前所未有的向心力，其单位形成的力量显示出超乎寻常的强度。身体被生与死的两个明确的断绝前后夹持，在种族生命的源源流动中形成了难以混淆的单位。而个人的生涯在其内部产生了明显的时间单位，展开了经历成长、成熟、衰老阶段的节奏。

身体一方面与生理性的肉体重叠，显示了与其他动物的肉体同样的本能性运动。不过十分有趣的是，从刚出生的婴儿阶段开始，这种运动就载于节奏之上。婴儿最初的能动性行为是吮吸母乳，而吮吸有着先在口腔内形成负压，等母乳充满，然后咽下的三拍子节奏。同时，婴儿双手交替运动来压迫母亲的乳房，这是最朴素的两拍子运动了。二拍子和三拍子是基础的极为普遍的节奏，对正在成长的幼儿的生活习惯形成有很大的作用。

让婴儿仰卧，手脚在空中舞动时，两拍子的情况很多。刚能站立时，抓住桌子，双膝并拢，用力伸展时，很多是三拍子的节奏。当然，要形成两条腿走路那样的高水平的习惯，成人的指导是不可或缺的，而能进行这种指导是因为了解了幼儿的身体运动节奏。发生从本能到习惯、从生理性肉体到文明性身体的重大转变时，成为两者间的中介、转变的轨道的就是节奏。

更宏观地纵览全局时，会看到人的肉体从出生到死亡不断经历变化，而文明性的身体变化划分出了由清晰的感知阈值来切分的节奏。依据文明圈的不同，具体年龄有差异，但庆祝或慰问成长、成熟、老化的节日的仪式，在全世界都能看到。另外，尽管几乎感觉不到肉体上的变化，但每年纪念生日的风俗习惯也十分普遍流行。身体的节奏单位的完结性很高，正是因为这样不断地将现在定位于生涯的某种位置，恰如艺术制作，将部分与全体有机地结合了起来。

节奏的共鸣和复合

应注意之前提及的文明性的身体与生理性肉体，即作为自然物的肉体间的特殊关系。一方面，肉体不仅是身体的媒介，也传递身体运动，或抵抗这种运动，这一点上，如第一章所述，与相对于海波来说的海水所肩负的功能是同样的。很明显，肉体和身体不是同一事物。其一，肉体通过生与死从外部被统一，与此相对，身体依据习惯的持续力从内部被统一。其二，即使身体养成了新的习惯，肉体的结构和机能也未必会随之发生改变。

但另一方面，肉体与海水不同在于其本身就是个体，在与身体建立一对一的关系的同时，其本身以固有的节奏生存着。心跳和与之相连的循环系统的节奏，从咀嚼到排泄的消化器官的节奏，睡眠和觉醒间反复的脑神经的节奏等，与动物相同的自然节奏贯穿着肉体。并且,这种节奏毫无疑问在形成身体的同一性上,带来重大的影响,其决定性的事实不用赘言,就是肉体之死直接连着身体之死。

尽管如此,人之所以成为人的原因在于超越这个肉体的现实,不可否认身体的节奏是优于肉体的节奏的。肉体始终受到文明身体的指导,不仅创造了新的节奏,连肉体本身的结构也在一定范围内变形。用前一节所举的例子来说,幼儿想要抓着台子站起来,是因为骨骼和肌肉有与之相应的成长,但在此之前,存在着两腿步行的文明性身体习惯,很显然是这一影响引导着幼儿朝着两腿站立的方向发展的。

正是这样,文明的身体与生理的肉体相互嵌入,使各自固有的节奏产生共鸣。毋宁说两种节奏复合形成新的节奏单位时,这种节奏的具有起始与结束、与别人相区别的个人生涯就诞生了。后面将会详细说明,其实这种生涯由于与更多样的外界节奏重叠,制造出复杂而多条通道的复合体,从而创造个人的个性。

节奏的共鸣一词第一章也使用过,一般来说,节奏能与其他节奏共鸣,实际也存在着相互共鸣的情况。航行中的汽船,乘着涨潮退潮的节奏,与上下运动的波浪的节奏、前后左右的风的节奏一起律动的同时,也在船本身的引擎的节奏中摇晃着。所谓船的安全航行是所有这些节奏协调地相互共鸣,合成一个内在的节奏。如果这种协调崩溃,波浪、风等会突然间成为外在的障碍而威胁到船本身。

仅限于身体运动来考察的话,舞蹈家有不少场合,手和脚是在不同的节奏下运动,而全身则表现出统一的节奏的。更纤细的是钢琴家的手指运动,两只手的手指表现出不同的节奏自不必说,一只手的食指与中指、拇指与小指分别组成一组,演奏各不相同的节奏也是常见的。当然,这自然不是不同节奏的凑合,而是以预想需融合统一的节奏而运动身体为前提的。

这种共鸣关系更广泛地作用于身体与环境间,以身体的整体行动为条件。不仅如此,正确地说这种关系能区别身体与环境,能使身体相对独立。身体最终只是节奏的一个单位,虽说其完结性很强,但并不能保持绝对的独立性。特定的身体和其他的身体,自然的文明的环境与生活其中的身体的区别,以各自产生的节奏的异同来确定。

譬如在同样的生理性肉体内,瞳孔的反射性扩大收缩等没有节奏,不可能有与身体行动产生共鸣的可能性,只能是纯粹的生理性肉体,延伸到身体外部的物理性自然的一部分。反过来,以生理性肉体区别的别人的身体,一同以同样的节奏跳舞产生了完全的同感(empathy)的话,应该说在那一瞬间,自他间的差异消失了。一般来说,划分身体内部和外部的不是固定的外围轮廓,而是节奏共鸣的强弱这种渐层性的变化。

而这种共鸣的形态或反之缺乏共鸣的形态,各有着千差万别的多样性。那些多样性各自再次返回身体,给身体以刺激。粗略描述这个阶段,大致可这样来理解:常识将这种对身体的刺激的表现称为知觉,将其作为认识的依据。

身体的时间与空间

如上所述,将身体作为节奏的一个单位来把握,就会产生"当下""在此"等难以确定其意义的问题。一般来说,因为节奏本来不能明确说是何时何地存在的,所以要将其定位在物理时空中,只能靠传递它的媒介的物质性。身体在生命的流动中占据特定的场所，为保持人的一生这样的时间，生理性肉体的个体性是不可或缺的。可以这样来比喻：身体，这样一艘漂浮的汽船，它将肉体作为锚，在时空的大海中锚定一点。

但生理性的肉体每时每刻都在变化，不足以保证身体同一性的"当下"与"在此"的持续。生理学认为，整个肉体的细胞在几天中就会被全部替换，因此记忆也好，习惯也好，大凡持续的东西只能在身体这个节奏的复合体中成立。不管是记忆了的经历，还是身体养成的习惯，其本身都以节奏为单位，统一为具有一定长度的时间带。

但如果是那样的话，需要认识这个身体的"当下"与"在此"是不断伸缩、改变其扩展范围的时空单位。事实就是这样，对于行动的身体来说，时空的精密度依行动的种类的不同情况而完全不同。对航海者来说，"当下"是以小时和分钟为单位划分的时刻，"在此"则是以经纬度来表示的场所；如果是钢琴家，"当下"是控制几分之一秒的时间，"在此"是追逐键盘上几毫米差的空间。

并且，围绕这个身体的环境的时空也绝非透明均质的单一展开。环境本身也是有节奏地运动着的，只要此环境是作为身体的环境来运作的，就会出现共鸣现象。时间、空间都是这种共鸣现象的感触本身，而不是现象发生的空虚场所。

就时间而言，过去也好未来也好并非在能测量的长度的远方，而是作为满足身体"当下"的感触，是以某种新鲜度体现的。过去的经验依当下呈现的鲜明度，或成为最近发生的事，或依据细节遗忘的程度，变为发生在过去的经验。未来也是以倒向经验的姿势而得到感触，那种状态越强，未来就越近；越弱，未来则越远。这样的特性与过去经验并无不同。

略微思考一下似乎有点奇特，身体与哲学所讲的理性不同，它是一种会厌倦、疲惫、遗忘的存在，因此需要制造出一种时间的远近(perspective)来。后文在讨论认识时还会详述，对身体来说时间是纺锤形的，距离现在越远，过去与未来都会变得越细。变细后时间丢失了经验的细节，它所拥有的多样侧面(aspect)就减少了。现在的经验有着无法用言语表达透彻的多样性，而遥远的过去或未来的经验其细节会被削弱，逐渐接近抽象观念，最终简化为简历或日程中的一行字。

时间的扩展既非单一的也非均质的，其自身是能伸缩的，这点上空间也是相同的。前文已阐述过，行动的“在此”依行动的各种类别而伸缩。不过，乍看作为与行动无关的环境的空间，也随时会现出独特的表情，以直接的影响力动摇身体。很多人即使知道是安全的，登高依然会感到恐怖。不少人被困在过于狭窄的空间里会感到害怕。美学学者威廉・沃林格尔(Wilhelm Worringer)曾设想存在“空间恐怖(horror vacui)”的感情，推测史前人对什么都没有的空间本身就会感到不安，为填充这样的空间，就不断地制作没有空隙的装饰。

最要紧不能遗忘的是，人类的身体在行动时，空间不仅不是开放可能性的场所，反而是应超越的距离、应克服的障碍、带来疲劳的负担等一类事实。显然，这个意义上的空间是依行动中的身体的活力多寡，反过来说，是依疲劳程度高低而改变大小的。

对于衰弱的老人来说，百米长的路程，比健康的年轻人的一公里都长。步行一步的步幅会依体力而伸缩，太窄的步幅会失去作为步行单位的意义。老年人以一厘米为单位的蹒跚，失去了步行的质的价值，变成了以踉跄蹒跚为表征的另一类范畴的行动，同时他的空间从人生的可能性变质为实实在在的障碍。对于活在现实行动中的身体来说，与柏格森的主张相反，空间也不单单是量上的均质体,而是质性上合成的单位的链锁。

另一个可现在开始讨论的话题是:对身体行动来说的空间,前文已说到,不是节奏形成的场所,而是在节奏内部形成其形态的媒体,换言之,即阻抗体。把步行一步的适当步幅,挥动锤子敲钉子的适当幅度,都分割为节奏的最小单位。幅度的扩展给与力的流动以"目的",由此而增加力量的意义,可看作为实现了一种"惊鹿"结构。

梅洛-庞蒂的身体

把身体首次作为哲学上的主题,由此给认识论的主客体问题带来一场革命的是20世纪上半叶的现象学者梅洛-庞蒂。他的身体论是划时代的,从现在的眼光来看也是十分新鲜的。本书第一章里就提及,笔者自己很早以前就受恩于其深远的学问。

事实上,旧作《演技之精神》多有赖于梅洛-庞蒂的理论,为此写过相当详细的解说,这里已无意再重复那些平淡的介绍。在此,笔者决意限于本书文稿的脉络,议论其身体论之有效性的同时,尝试讨论其理论上的局限性。

从最单纯的视角来看,梅洛-庞蒂身体论的特色在于以身体摆脱生理性肉体的基本立场为起点,将其作为哲学性意识作用的场所来把握这点上。在彻底验证、批判了当时的生理学与心理学的成果后,他主张,与科学所处理的机械性肉体不同,人有独特的身体机构(organisation)。它一开始被文明性的习惯所渗透,随后会自行扩张"原初的习惯",作为继续改革的一种样式而从自然中独立出来。

在此基础上,梅洛-庞蒂忠实于现象学的学统,维护重视意识指向性的立场，将身体放在意识的前面，置于意识与外界之间的位置。在意识把身体当作外界的一部分，与此同时，与身体本身融合为一体的意义上，两者结成了所谓“两义性”的关系。意识是身体的时空中的一个极端，而另一方面，身体继承意识的性格，具有指向性。

他明确指出身体有指向性，并认为那个指向性是从身体运动中产生的。运动是身体动作的组合，当其动作以对世界具有一定意义的方式组合起来之时，其意义就是身体的指向性。因此，根据他的论说，人与世界的最初关联不是“我思”，而是“我能”。总之，梅洛-庞蒂的身体也像意识一样，是主动的、积极的。

但当意识把身体放在前面，知觉外界时，与以前的认识论所讨论的内容就完全不同了。无论是经验论还是观念论，传统的认识论严格区分知觉的主体与客体，在此基础上追问两者哪一方有主导权。对双方来说，知觉的依据处于意识之对面，作为被细分的一群感觉刺激而出现，并以某种方法被统合时，讨论认识如何成立的基点是共通的。

但当意识以身体这种姿态，变为意识与外界的一连串联系时，将细分的刺激统合起来的主体作用也不得不消失了。因知觉的主体与客体是一连串的，所以只能认为，刺激的统合是作为一种自动的现象，在知觉之前就建立了。梅洛-庞蒂以这种自动统合作用，讨论了当时心理学开始关注的格式塔(Gestalt)现象。特别将心理现象中相加则无法成立，而分割则消失的整体形象、这种整合了的单位，称为格式塔。

世人熟知的格式塔的“兔子和鸭子”“壶和侧脸”等，如字面所示，以可见的图形出现。如“鲁宾之壶”中相对的两张脸或壶的画，据说第一次看到的人先注意到哪个图基本是各占 50%。但过了一会儿，不管是谁，注意力都会转变，会被与之前相反的图案所吸引。心理学中将先在视觉中认识的图案称为“图形”，隐藏在其周边的图案称作“背景”。

从上述事例可看出，格式塔的图案在人的有意注意之前出现，不借助主体的统觉作用的力量而自动生成的。“图形”和“背景”的替换也是自然而然地产生的，人的眼睛只是被出现的新图案所吸引。当然，“鲁宾之壶”是心理学家为实验而描绘的图形，而这种形态的自动形成和转换，可认为是形成人的现实知觉整体之基础的一种功能。

譬如人走在花圃里，发现其中有一处花的群落时，那群花一开始是以统合的图案跃入眼帘的。人凝神注视这群花是在这种感觉后，花形成一个群落，统合成一幅画，在整个花圃中突显出来十分显眼是一种自动的现象。所有看到的从看得到开始，人只能看到看得见的东西，但此时能看见的东西并非单纯的感觉刺激的集合，而已是以格式塔的“图形”的形式统一起来的视觉图像。

接着要指出的是，这些图案是极为流动性的，无论是花的群落还是街头的人物群像，单一的“图形”都不会长时间吸引人们的注意。人会积极地注视事物，会努力长时间地注视事物，但如后文将详述的那样，其努力本身实际上是很容易转移的。认识现实的“图形”是应人不自觉的行动或行动的姿态而出现的，应活力、疲劳等身体状况而变化的。即使在同样的风景中，步行的人和跑步的人注意（知觉）到的“图形”是各不相同的。

反复无常的格式塔不断地改变场所，广域地引导人们的注意力，创造人们经验世界的形态。从人的身体方面来说，这个过程是完全被动的经验，世界在身体的对面自然而然地站立起来。话虽如此说，这毕竟是经验的结果，仅限于在被人察觉到的时候才存在的现象，因而并不是经验论者所相信的客观物理性世界。格式塔形成的世界超越主客体对立的构图，对于企图超越经验论与观念论之对立的思考者来说，确实可以说是给予了他们一种拓展视野的图景。

但很遗憾，严格来说，这里笔者要概括的格式塔理论并非是梅洛-庞蒂本人的理论。知觉的原点不是感觉刺激而是格式塔的“图形”，这样的“图形”与“背景”交替，展开知觉世界，并且超越了那个世界的主客观对立，这一论说当然是梅洛-庞蒂的理论的要点。但有一点：那个现象的过程对身体来说是被动的，特别是“图形”与“背景”的交替是自动发生的。他对此与其说是反对，毋宁说几乎毫不关心。

这样说起来想到的是，他在《行动的结构》第一章中曾写道，格式塔的刺激是依据有机体本身、依据有机体固有的方法“被创造”出来的。所有的有机体不仅与外界的刺激相遇，而且依据其本身的接受器的特性与运动，“选择”自己能感觉到的刺激。这里所说的“能感觉到的刺激”就是以“图形”的形式被加工的刺激，因此他说“图形”被选择了。这难道只是笔误吗？

果然，正如本节开头所推测的那样，梅洛-庞蒂是坚持传统意识理论的人，他在暗中让身体继承了意识的指向性和能动性。这样去考虑是恰当的。这样想来回首其论说，他所讨论的身体就如胡塞尔的意识那样，是不知疲倦、天阴、睡眠，永远活泼地与世界持续交往的存在。那是一种一味地扩张、改革“原始的习惯”，向着世界拉紧积极的“志向之弓（arc intentionnel）”，自豪地挺起胸脯宣称“我能”的存在。

至此，笔者必须被扯着脑袋后面的头发，离开这位身体论的恩师，返回自己已知的被动性身体论去了。我们拥有被人生下、被人抚育,时而疲劳时而病衰,不久就会衰老而死去的现实的身体。返回这样的身体,就能清楚地看到,格式塔的那种自动显现,特别是“图形”和“背景”的自动交替,是由怎样的机制产生的。

比较易于理解的是行动时身体的情况。行动的开始和中间,以格式塔的“图形”首先浮现出来东西,既是目的又是手段。对耕种田地的人来说,吸引其注意力的是土地和锄头,自己的身体则变为行动的“背景”隐藏在暗处。但耕作持续很长时间后,身体疲倦,腿和腰开始疼痛,渐渐关系逆转的征兆开始显现,终于难以拒绝,需要休息之时,“图形”完全转移到了身体,占据了注意的中心。

不久,疲劳通过休息恢复,“图形”又再次返回到土地和锄头上。这种情况下,“图形”和“背景”的交替纯粹是自动现象,从身体上来看,疲劳和恢复完全是被动性现象的产物。顺带说一下,活力与疲劳、休息过程与活力恢复是“类似物再生”的过程,因此可见到典型的节奏结构。笔者曾怀疑,实际上,被称为格式塔的所有现象,更为普遍地来定义的话,原本不就是节奏现象的一种吗?

可作参考的是现代的脑科学。池谷裕二的启蒙读物《单纯的脑,复杂的“我”》中写道,格式塔的形成是脑神经回路的自动性“摇摆”的产物。脑与外界的信息刺激无关,其本身是会进行“内部自发活动”的脏器。输入大脑的所有刺激,在受到这种“摇摆”的影响后转变成了输出。大脑的所有工作都因这个固有的“摇摆”而变形,特别是“鲁宾之壶”的“图形”和“背景”间的交替,或是人无意间注意到的图案的形成,可以说完全是这种任性的“摇摆”引起的。

“摇摆”说到底是一种自然现象,虽说是大脑的“内部自发活动”,但那并不是大脑成为主体恣意发起的运动。毋宁说情况完全是相反的,如果把脑作为主体,那是从内部被摇撼,难以逃避的被动引起的运动。颇具启示的是,那种运动带有"摇摆"的缓慢的规律性,有时在"图形"和"背景"间不断往返,有时显示为注意到的图案,形成一种向心的倾向。

大脑是生理性的肉体,如前所述,也是形成身体节奏的抵抗体、媒体。如果这种肉体显示这类节奏性运动,那么,与之结成互相嵌入的关系、宿命性地共鸣的身体,很难想象会进行与此完全不同的格式塔形成。

两种身体

在旧著《世界文明史——神话与舞蹈》中,笔者将人类的行为方式分为两种,将与此相应的世界观也分为两类。不是推崇人类具有类似神那样的精神,而是说既然是作为肉体的身体而生存,那么必然伴随着可能性和局限性,因此分出相信可能性的和知道局限性的两种生活方式。虽只是理念上的分类,但认为如此的生活方式会对应不同的世界观应该是可以说得通的。

受人类学家列奥·弗罗贝尼乌斯(Leo Frobenius)的报告的启发,笔者曾借用他所用的词汇,将两种世界观称为"世界开豁"和"世界闭塞"的思想,将两种世界观对应的身体称为"做的身体"和"在的身体"。这种说法是对峙了人的相信世界有着无限开放的可能性,由此不断地尝试扩张的侧面,与将世界看作充满限制、被封闭的有限空间,只能在那样的空间中固守自身内部的侧面而展开的一种考察。

但在这个阶段,我还是在用常识的语言来思考的,因为尚未对用词作哲学性的斟酌,当然,也未对两种身体的关系进行原理性的反省。两种身体作为同样的身体能产生出什么？迄今为止使两者对立的东西是什么？旧著对这些问题几乎未加深入思考。在本书中，将讨论关于身体的考察现状，在此基础上重新审视两种身体的特点，以实现思维的一贯性。这也是作者应尽的一种义务。

现在我们了解到，身体是生命节奏的一个单位，其内部含有更小的节拍，由此形成了更加向心性的、完整性的高级单位。这种完结性的强度，在其他地方是看不到的，其根本的理由只有一个，即身体是无法避开生而死的存在这样一种宿命的。也有一些将整个生涯进一步分为青、壮、老各阶段，像艺术作品的部分与整体那样地统合起来获得向心力等因素，但即便如此，人经过那些阶段的结局还是死。

当然，支配身体的节奏是复杂的，人并非仅在这个生涯的过程中生存。用汽船的例子来比喻身体在多种节奏交错的情况下，能与异质的节奏产生共鸣，实际上，日常的身体不仅遵循人的一生或青、壮、老的节奏，也顺应极小的生活节奏而生存。毋宁说那样的小节奏的支配力更宽广，对普通的生活者来说，更是在一个月、一周的日程，一天的安排和一件工作的顺序内才出现节奏的。

这些多种多样的节奏时常交替出现，成为格式塔的“图形”或“背景”支配着身体。交替的方式本身也是有节奏的，如果以日常的小节奏为单位的话，一天要交替好几次，每次人被一些事吸引了注意力，想做什么的想法就会改变。众所周知，情绪容易转移、动摇，这种情绪形成了格式塔，以“图形”和“背景”的形式变动、交替着。

仅限于这些内容，交替本身是在日常范围内的，但有时节奏的变动会极大化，心情的变化就会与人生观的根本发生关联。这时出现在人面前的是人的一生这样的节奏单位，这样的“图形”浮现出来后，日常琐碎的节奏都会被贬为“背景”的地位。作为有始有终而其间什么也没有的存在,人就会目击直接面对世界的自己的“图案”。

如此以人的一生这一单位为基准来思考的话,塑造身体的节奏可清晰地分为两种,相应地身体本身也可区分为两种。无论在时间上还是在空间上,都比人的一生有着更大的振幅,从整个生命史中划出个人生涯的节奏是一种类型;振幅比人一生的节奏要小,在个人生涯内部支配日常生活的节奏是另一种类型。毋庸赘言,产生大节奏的是“在的身体”,乘载运送着小节奏的是“做的身体”。

两者的交替会自动地重复,不能从个人一侧任意选择。当巨大的节奏出现在人的前面覆盖身体的时候,身体被生命的大浪包围着,只能从内侧感受其奔流。身体蜷缩、垂下头,虔诚地接受自动被生出、“被成就”的事实。另一方面,小节奏支配了身体的时候,身体随波逐流,而顺应那个流动,生成技能一类的新的流动,让身体适应这样的流动。

这里要作一下注释,在前面引用的本人的旧著中,笔者将世界和身体当作空间般的存在在讨论,通过“开豁”和“闭塞”等词语或更加深了这一印象。但这里要再强调一下,当然从节奏的视角来看,世界和身体、其第一要义都是时间性存在,空间性只是创造出身体运动的条件。

实际上,虽然提出了“世界闭塞”一词,但现实中并没有人看到世界的尽头,局限存在于经验上,不过是从“现在在这里”的障碍中推测出来的。身体的移动需要花费时间,而人生是有限的,不能永远旅行,因此世界就被封闭了。相反,日常生活者对世界的尽头等漠不关心,并不去尝试走到世界的尽头,那个世界就是开豁的。这里存在着非常极端的悖论:因世界无限而闭塞,因人生活于有限世界里而广阔无边。

做的身体——不由得动起来的身体

听起来或许觉得奇异,“做的身体”一词是依据常识性语言来表达的,从把节奏看作行动原理的立场来看,称为“不由得动起来的身体”可能更为正确。作为行动原动力的意志是否存在十分可疑,这一点后面再作讨论。身体潜藏在意志的背后,只能认为是自发地被流动的力量所驱动的。实际上,常识已经有些意识到这一事实了,在现实生活中,日常会话里习惯说“想干一下”“有干的冲动”就是一种迹象。

作了上述提醒后,从现在开始,为方便起见还是要用“做的身体”一词。驱动身体的根本的力量还是想扩展自我的欲望吧?从食欲、性欲到单纯的好奇心,推动“做的身体”的力量是自发地要在空间、时间上扩展的欲望。对这样的身体来说,死亡是应避免的障碍,是远离后应忘却的无意义的对象。本质上包括封闭在身体内的种族生命,也从身体一侧通过子孙繁衍而引发自我扩张。

对这样身体来说如果有创造节奏的堰塞,那就是时常来访的对欲望的满足吧。满足在自然状态下时常会来到,为抑制欲望冲动而设置了堤坝。离开森林开始两腿步行的人类也处于这样的状态下,把身边的果实、小动物随手放入口中,如此能暂时缓解欲望的迫切要求。这个状态中也有欲望和满足间节奏的萌芽,但那是偶然被左右的状态,那种节奏是薄弱、松弛、缓慢的。

但随着人类欲望的进一步扩大,开始追求稳定的满足。随着逐渐地获得满足的成功,欲望与满足间反复慢慢地变成了文明阶段的节奏。经过漫长的岁月,人类培育了采集技术,通过捕获大型动物和肉类保存,进而农耕的发明开辟了保证稳定的食物获得的道路。并且，在这一过程中，首先避免了食欲满足的偶然性，实现了食欲满足的定期化，而后人类的性从动物发情期的限制中解放了出来。满足欲望的节奏与其说是遵循自然条件，毋宁说是逐渐被文明的习惯所支配。

不太了解人类性文明化的历史，但至少可以较容易地想象食欲文明化的过程。随着农耕方式的确定，人类开始重视一天中白天的时间，调整了吃饭的节奏，使白天的劳动力达到最大限度。划分劳动开始和结束的晨夕为用餐时间，有时白天中间也安排了辅助性的用餐。总之，食欲的满足在一天中被定期化，反复得到的满足划分了一天的节奏。

应注意的是，这个用餐的节奏不是随意约定的事项，而是自然潜在节奏的显现化。正如所有文明习惯被称为第二自然那样，一天两餐或三餐的习惯很快就成为了人类的第二自然。现在回望历史，从很久以前开始，人类的身体就自然而然地一天中有两次或三次的空腹感。可以说，饮食的定期化，其倾向是包含在自然之中的，农耕文明只是将它明确起来的一个机会而已。

在上述文明史的初期阶段，人类又迎来了工具发明这一决定性的转机。当然，广义上说，猴子也使用工具，为捕食蚂蚁，它们将小树枝塞进巢穴；为打破坚硬的果壳，用石块砸果壳。但猴子的工具，从工具的关联点来看极为固定，状况及与之相应而使用工具间的关系，几乎可称其为“本能”那样十分僵硬。人能比较、区分有相似功能的不同手段，人能为提高工具的功能而加工工具，更不用说人能为制造工具而创造工具，这样的复杂过程猴子是不可能知道的。

换言之，观察整个情况，找出最适合此类情况的手段；在行动之前先停下脚步，制定计划等一类行动只有人类有。在制定计划阶段，欲望暂时被矫正，满足被暂缓，与本能相反，允许这类行动的“堰塞”的只有人类。只有在这个计划中的行动，区别目的和手段两个阶段，进而在手段中构筑与工具关联的阶层秩序。

顺便提一句，要注意的是，行动的目的并不是与驱使行动的欲望相同的东西。想打破果实吃里面的果肉是欲望，这是在猴子的行动中经常能看到的现象。不过，人经常会暂时抑制欲望，选择能得到最大满足的手段。选择工具，必要时加以改良；考虑采用最高效的行动顺序，然后开始行动。这样的行动的事前过程是计划，在计划中设想的成果就是目的。目的位于行动流程的一端，其本身是不动的，即使行动没有实际开始，目的依然存在着，那就是下章要详述的“观念”。

这么一说想起了古希腊理念论者在说明理念时，喜欢拿木匠作业来当作比喻。对他们来说，所有的现实存在都是理念的不完整模仿，其背后，就像木匠头脑中的设计图一样，作为唯一、不可动摇的理想图像被描绘出来的就是理念。人类历史上最初讴歌观念至上的那一段时间里，那些人列举出的具体事例是木工的设计图、手工作业理想图，正是这样一种暗示。

回顾实际的历史，人类获得“观念”这一文明成果之际，身体所发挥的作用是决定性的，当然其历史并非单纯的一条道路。作为观念的目的的完全确立，是伴随着机械的诞生而发生的，操纵工具的手工作业阶段，目的不断地在行动中摇摆，毋宁说行动在持续地寻找目的才是真相。虽然手工作业也有模糊的计划和目的，但它们在试错的过程中总不免经常发生修正和放弃。那是因为手工作业中存在着工具和材料对抗的现象，且经常会对直接行动的身体产生反作用。工具与机器不同，直接与手连接，对工具自身的不便及作业对象的材料的对抗十分敏感。不论是打破果壳还是剥去兽皮，手工作业不能完全达成目的，只能在近似的成果上妥协。那时，欲望就撤回了当初的目的，只得认可得到的结果就是本来的目的。

在这样的目的持续动摇的世界里，即便有行动的流动和休止，也没有可能出现明确划分出休止的稳固不变的观念。史前时代，人类首先将欲望和满足的消费节奏文明化，进一步完成了一天的规律化，形成了每天时间安排的观念。但在由目的和行动组成的生产方面，文明的节奏尚未成熟，摆脱自然的脆弱节奏只走出了半步。很意外的是，人类要在手工作业领域经验充分实现目的的过程，把目的作为观念来把握，实际上需要迂回地得到“在的身体”的帮助。

上述这点将另用一节来详述，这里稍作一下提醒：即使到了手工作业阶段，观念的逐渐形成也在以别的形式在进行，那就是工具的制造和改良。在那个过程中工具的功能被特定、限定了下来。最初在路边被发现的一块石头，首先由特定的使用方法而变成了工具，在进一步的加工中变成了石斧或石刀。随着加工程度的提高，再分化为农业的镰刀和厨房用的菜刀等，变成了各种互相无法替代的事物。可以这样来认识这一过程：石块一物的无数个侧面，依据身体本身的活动，其数量开始减少，最终接近了只有唯一一种侧面的观念。

再强调一下，这一工具使用和改良的过程中，发挥作用的是身体本身，而不是任何其他的事物。工具及其改良的过程中，需要工具的目的并非在行动之前就存在了，目的和工具的区别是在身体行动中被发现的。再往前推论，连人类的欲望也并非先于工具而内发性地存在着的，而是依据工具及其使用能力的发展而产生的。比如，寒冷的季节里想穿着毛皮的欲望，是人类在偶然的行动中发现了可用作石刀的石片,并用它尝试剥下野兽的皮而知道其效果时才产生的。在纺织技术不为人知的那个时代,想穿植物纤维衣服的欲望本身应该是不存在的。考古学里很出名的一个说法:农业也并非因有了确保粮食稳定的欲望后才产生的,而是游牧的部族偶尔遇到了谷物自然群生地,在每年去那里觅食之际,开始萌生了在那里定居下来耕作的欲望。

实用性文明史中经常存在着这样的悖论:先有身体的行动,其中手段产生了目的,实践产生了计划。工具进化的过程中,侧面(相位)的数量减少,这一过程的极限,人类注意到了观念的存在。那只不过是将历史的真相翻译成现代性语言的表达而已。侧面(相位)的思维方式本身、"观念"本身,与工具制作的目的相同,是在手工作业后作为其产物而诞生的。

仅就此点作一个脚注:工具的改良是按分化工具的种类,使其特性得到增强,即追求各自的典型或理想形象。这个过程姑且也可认为是接近范畴的观念、理想的观念的过程。但这个通过工具改良接近观念的过程有着本质上的困难,将这条道路走到底,逼近观念,实际是不可能的。因为工具的改良不能说有最终的完成,某个阶段的最好的工具和范畴的理想形象,在下一次的改良之后,将遭遇不得不被否定的命运。

即便是薄刃的石刀,其刀刃的薄度多少才是理想的呢?打制石器的石刀可认为是已完成的了,但如果出现了磨制石器的石刀,理想尺度就会发生根本性地改变。这个意义上说,与整个手工作业的遇到的困难不同,依据另一种理由,生活中存在着无法确立固定目的的遗憾。在整个手工作业中,工具和素材的对抗动摇着目的,而在工具制作这样的特殊的手工作业中,目的经常由于进化而被推迟从而无法固定下来。

归根结底，“做的身体”是被欲望所驱动的身体，是扩张自我的存在。这一宿命性的本质是所有这些问题的根本。身体很难超越在欲望与满足间往返的自然节奏，而且即使为追求满足的进一步扩大，进入了工具制作的文明世界，在这一过程中，要经验明确地堰塞行动流动的节拍是没有把握的。要体会人类推动世界的真正节奏脉动，无论如何都要与同时并存的“在的身体”一起，至少要暂时放弃自我扩张的冲动。

“在的身体”与观念的发现

所谓“在的身体”是指被囚禁在生涯这种被封闭的时间中，由此感到在空间上也被封闭的世界中生存的身体。对于这样的身体来说，驱使行动的力量既不是欲望也不是自我扩张的冲动。既然知道从闭塞中逃脱是绝对不可能的，那么这个身体的终极性的愿望只有一个。那就是，感受自己生存的世界从外侧封闭起来的节奏波浪、引起这个波浪的更大节奏本身，与那个节奏形成共鸣并一体化的生存行为。当然，事实上在此之前，毫无疑问“在的身体”就放弃了追求世俗的功利，被与自我扩张完全相反的冲动所驱使而采取了行动。正如笔者的旧著《世界文明史——神话与舞蹈》中所述的那样，一方面任凭没有目的的跳跃回旋的舞蹈，将自己置身于没有出口的世界的封闭性中，体会其极限。另一方面，了解这个世界的起源和宿命性的过程，为测量自己在世界内的位置而述说神话。

此书的上述这些部分都不需要修改，但如果还有一点需要强调的话，那就是史前时代的这种过程经常与大小部族的仪式、血缘确认的仪式相关联而进行。这是一个具有诸多意义的事实。部族用横向和纵向的纽带维系人群，各自拥有使之排除个体生命的孤独和不安的力量。首先，就纵向关系而言，它会给人一种感觉到血缘关系的安宁感，至少在日常生活中能够平息死亡的不安。当然，横向的羁绊成了相互扶助的场所，无论是现实还是心情都是对于个人的救助。史前人类作为部族的一员生存，学会了慎重和谦让，感受到了宗教性感情的萌芽。

这样看来，部族在巨大的生命流动和个体生命之间，可以说以悖论的方式强化着其本身的节奏律动。部族暂且阻止种族生命的流动，看上去像包裹保护着个体，但时常会将其打破，反过来使个体痛感流动难以逆转的力量。部族的集体生活，由于灾害、战争等使个体的牺牲变得更大。从这种意义上来说，部族也相当于那个生命中的"惊鹿"结构中的戽斗的一种。

但部族所发挥的历史性作用不仅是上述这些，重要的是通过舞蹈和祭具的制作，教会部族成员身体活动完结性的感觉。因为部族是共同体，共同体是给每日重复的日常以秩序的组织，所以对于时间的度过方式也设置了一定的规则。无论何事，都要决定其开始和结束，为共享习惯而在行动中设定规则。当然，这也适用于宗教性的舞蹈，抑制使人精疲力竭的无限制的乱舞。

随着时代的变迁，这一规则也变得严格，大概在最初的城市国家诞生之际，舞蹈显示了开始、中间到终了的完结性，进一步与神话合为一体，具备戏剧一类的结构。历史告诉我们，宗教祭祀整体由附体、陶醉转变为静谧的祈祷仪式后，歌舞也要求演出的周边自肃而保持内在的秩序。这成为后来音乐和舞蹈作为艺术而自立的起源，换言之，作为代价，艺术也被强行要求有一种在"世界洞窟"的深渊中的审慎。

但一定的时间经过是否有起点和终点，有向心性的完结，归根结底还是由共同体的共同感觉(Gemeinsinn)来决定的。节奏本身是普遍的,正因如此,节奏感觉的传播虽然很快,最初发现的某个节奏单位归根到底只是共同体的全体意向,并没有在此之上的绝对法则。即使在现代,节奏完结性的指标依据文明的不同,丰富多样。诸如"序破急""起承转结""奏鸣曲样式"等,每个地域都表现得极其丰富多彩,这就是早期节奏遗留下的痕迹吧。

反过来说,在具有共同体的共通感觉的任何地方,可以看出人类非实用性的行动都要求有完结性。没有完结不断持续的舞蹈、断断续续的歌谣,仅限于公共广场被人围观,并不能凝聚部族的一致关心,被认为是会自行淘汰而消灭的。顺带提一下,在石器制作那样的"做的身体"的行为的场合,其努力与共同体的共通感觉无关,毋宁说是与此相反为追求无限的进步而不知有结束的时日。

这不仅适用于舞蹈和神话,也适用于制作图腾、祭具等手工作业,所有的手工过程,都受到部族的暗地里的监视,在得到一致的赞同下,向着完成的方向努力。祭具的目的是为满足部族的祖先神,图腾的目的是表明对部族的归属,而个人随意地提升这样的目的,以独自完成为目标而努力,毋宁说意味着失敬和亵渎信仰。之后的城市国家时代创造了超越神的偶像,造型服从于被称为"仪轨""iconology"①的严格形式规范,也是这类情况遗留下的痕迹吧。

在此想到的是,这种非实用性的、宗教性的造型,也意味着素材的侧面的数量的减少。这一点与实用性造型是同样的。用一个石块作为打击的工具,然后附带地将其加工成石斧、石刀的过程,

---

① Iconology,图像解释学。因原文中未使用日语词汇,所以保留了原英语表述。——译者注

与从另外的石块上感受到了女人身体的丰满,夸大那样的性的特征而雕塑的地母神像的过程,从这一观点上看是完全相同的。无论哪一侧,都是通过身体使用多义的存在来限定意义,是通过对其加工使限定变得更加狭窄的过程。

如果两者之间存在差异,那么第一点是实用性造型没有完结,而非实用性造型则是有完结的。换言之,在非实用性造型的情况下,由于加工而导致的事物的多样侧面的减少是有终点的,能无限接近只有一种侧面的事物。

如果从结论上先说的话,把侧面减少到最小限度,但还残留着最小限度的多面性的事物是像图腾和神像那样的东西。那样的东西在现代语言中被称为“符号”。而再往前,侧面被完全单一化的结果是已不能称为事物的存在,即所谓观念,就是从几何学图形开始,被称之为“祖先神”“世界洞窟”“大节奏”等的各种各样的观念。

再说一个后文还要讨论的话题:笔者把握符号与观念之关系的方法,也与以往的常识大不相同。依据迄今为止的语义学的概念,一般认为符号是指示观念的,笔者则对指示的东西和被指示的东西,即“给予意义的东西”和“被给予意义的东西”的二元对立深感疑惑。只要认可这样二元对立,意义是依据意义产生而生成,还是因有被赋予意义的东西而存在的问题就会重燃无结果而无休止的争论。

详细内容将在下一章中讨论,在此笔者明言,坚持在连续线上把握符号与观念,以及还原到事物的相位多少的思维方法。据此,观念是节拍截获的流动事物的几何学断面,符号可认为是接触此断面的事物的末端。符号不是指示观念的,而是通过与观念紧密相连,从而在接触点上产生意义的。

设计图、机械、以及观念

听起来似乎在标新立异，近代产业核心的机械之根源，即机械文明不可或缺的设计的思想，其萌芽可说并不是“做的身体”，毋宁说是在“在的身体”一侧。史前用巨石建造的建筑，可认为不是为生活的安全和舒适，而是因在世界洞窟中人们感到自身的卑微，为向世界外部的巨大力量祈祷而建造的。笔者同样在旧作《装饰与设计》中也提到，像巨石柱（menhir）、石室冢墓（dolmens）、巨石阵（Stonehenge）[①]这样的巨石建筑物，如果没有部族社会的协同作业就无法建设。如果是这样的话，当然可以推断为集结部族而事前做了计划，虽很粗略，但设计是不可或缺的。

这种设计也许没有绘成图纸，但至少会用语言来表达，从这种意义上来说，毫无疑问带有最低限度的观念性。并且，一旦这个设计图在部族的协议下成立，那会因观念的本性而立于事物与行动之外。换言之，它立于身体和工具相互影响的外部，号令排除反弹于身体的任何工具和材料的抵抗。原本在手工作业中，手段受到抵抗，通常会允许变更和微调目的。而这里的设计图将目的绝对化，在原理上要求手段完全服从这样的目的。

当然，这是原理性的说法，在现实作业中，成果不可能完美地遵从设计图。只要作业是身体对事物的加工，就不可能消除计划与成果间的误差。但即便如此，设计思想还是彻底以计划的完全执行为目标，回顾文明的历史，可以看到人们发明机械正是因为要

---

① 巨石阵（Stonehenge）是位于英格兰威尔特郡索尔兹伯里平原的史前建筑，建于公元前2500～前1500年间。——译者注

贯彻计划的执行。

机械第一特性如已叙述的那样，它不向人的身体传达材料的抵抗、作业的反作用。工具遇到作业困难时，会要求身体调整目的，而机械为实现被赋予的目的勇猛向前，直到自身损坏为止。可以说机械制造的划一性和机械产品的规格化，是机器持有的愚直的结果。为将制品按设计图制造出来，机械本身也是按设计图被忠实地制造出来的，即这一双重计划性保证了设计要求的贯彻。

但机械的发明、即所谓设计要求的贯彻，从另一方面来看，是工具改良的极致，是工具所具有的侧面(aspect)彻底简化的产物。工具无论怎么提炼，仍保留着多个侧面，其结果可用于被意图化的目的以外的途径。钉钉子的锤子保留着一般铁块的侧面，既可作武器用，也可作镇纸用。与此相对，机械物质与工具比较，很明显的侧面不同，且数量很少。

机械一般随着不断提炼而通用性减少，这正是机械本身按照设计图制造出来的意义。反之，减少通用性是机械设计的任务，消除汽车引擎与割草机引擎间的兼容性可以说就是发明家的工作。顺便提一句，这是否反映了工具和机械的不同：工具的改良是在算数级数上展开的，而机械的改良常常是指数函数式发展的。从蒸汽机向汽油发动机的转换，是需要石油革命那样的范式转换的。

要注意的是：机械发明所带来的设计思想的贯彻，无疑就是观念发现的过程、观念性思维扎根的过程。再确认一下观念的三个特性：一、只有单一的相位；二、由于相位单一，身体被卷入的程度最少；三、在流动的体验之前。

讨论到这里我们可以设想：纸上描绘的设计图还有多个侧面，而被想出来的设计只有一个侧面。如果对设计要求有多种设想，共同作业不仅会混乱，而且完全无法开展。另外，机械没有给身体反作用,不寻求目的变更。这与使用机械的身体被作业卷入的程度低是同义语。第三,观念是过去的存在,这正是从机械与设计中随即演绎出来的特性。

虽然这是不言自明的事实,所有的设计都先于身体的作业被赋予的,机械也是在使用它作业之前就完成了的。对于作业的身体的流动来说,两者一直存在于过去,其自身并不变化,但身体的流动却一直保持着其势头。生产一类的现实行动常常是从目的设定开始的,依据此情况的现实行动是以既定的过去为目标而进行才是正确的。

本来一切现实行动都在行动漫长的历史连锁中,设计也好,机械也好,仅是漫长潮流中被击出的节拍而已。设计、机械都是行动产生出的产物,其本身没有改变,这样的状态可看作是更大流动中暂时的堰塞。生产历史上随处可见"惊鹿"结构在起作用,机械和设计发挥了戽斗的作用,而有时也会带来像产业革命那样的飞跃。

顺便提一下,说到历史性连锁反应,不能遗忘神话也总是在讲述过去的事情。无论是祖先神还是创造神,所有的超越者都先于现实世界,存在于遥远的过去。随着宗教的高度发展、神话的神学化,认为神是世界的设计者,先于被造物历史之前的思想已十分普及。超越神恐怕是人类最初知道的纯粹观念之一,而观念只可能存在于过去。

第四章
节奏与认识

格式塔与身体、以及意识

迄今为止的考察已理解了格式塔图景出现的场所就在人的身体上。“鲁宾之壶”的出现和自然风景作为一幅完整的图案的出现，其场所既不是外界的现实，也不是内在的意识，而是位于两者中间的身体。格式塔图景，从内发的、自动的、由对面显现的等特点上来看，类似于外界的现实。而另一方面，以人不察觉到就不存在的意义上来看，则类似于意识现象。实际上两者的任何一方是同时存在的。

稍稍麻烦的是，身体本身也是格式塔式的，这是说出现的场所也是身体。不过，这在原理上不会成为很大的问题。前面举出了工作中的身体在目的和手段的背后作为“背景”潜藏着，随着疲劳的积蓄就变为“图形”浮现了出来的例子，发生这种转换的场所正是身体本身。而且正因为这一点，格式塔的现象与所谓感性的知觉有差异。人自己不能看见自己的眼睛，与此相对，身体能感觉到自己的身体的说法是存在的。

话说回来，格式塔现象出现的地方是身体，而这种格式塔现象自动地从对面出现，这对最朴素的常识来说，是极容易明白的事实。正如前文所述,无论什么事情,人们首先看和听已注意到的东西,但最初的注意不是眼睛或耳朵这种特定的感觉器官,而是在包含所谓“气息”在内的全身的感受力上发生的。而且这种气息对身体来说不知是从哪里来的,虽很模糊,但却以带有难以抗拒的诱导力的“图形”向你逼近。

确实,常识上说人看或听,会以与特定的感官对应的感觉反应来表达,但很明显这是不良常识造成的错误。实际上,无论是钟敲击的声音和警笛鸣响的声音等以听觉为中心的现象中,还是像阳光、灯光等以视觉为中心的现象中,听觉和视觉虽是必要条件,但并不是充分条件。这种情况通过观察比较钟声和警笛声、阳光和烛光等同类的感性反应就可知道,它们各自间的差异是极其复杂的。

比如,钟声能使人平静,警笛能使人惊诧,两者的区别并非产生于两种声音的音响学上的性质。阳光和烛光也让人产生类似的不同反应,这也与两种光的光学性质差异没有什么关系。钟声的寂静、烛光的令人怀念,想一想就明白这只能在生活中产生。这些都只能设想为是包含着各自的感性反应的整个场面、可称作“注意到的图案”的格式塔的“图形”所产生的差异。

尽管如此,也许仍有人固执于感觉器官及其反应的作用,认为对着格式塔的“图形”的中心始终有视觉和听觉,是这些东西决定了注意的方向。但这也是错误的,至少决定注意方向的是格式塔本身,而不是人。走在嘈杂的街道上的人无论谁都有这样的经验:选择看还是听,根据人所处的嘈杂的状况自动地决定。更何况决定看什么、听什么,首先需要对面有什么看得到,有什么听得到,这是谁都认可的吧。

所出现的不仅是事物的格式塔,俗称精神现象的观念和印象也取格式塔的方式，不过，这种相对于身体来说是在其对面自动出现，有时让人吃惊的东西，常识也能不出问题理解到位。常用的习惯说法形容思想、观念的出现有“才思泉涌”、“灵光闪现”，形容妙计浮现有“心生一计”等。

然而，令人头疼的是，常识在另一方面，也知道与之相反的用法，这种用法被广泛使用的结果，常常会对事态的解释造成混乱。更麻烦的是，传统哲学采用了后者的用法，加上各种考究，使之居于知识世界专业用词的地位。不言而喻，那种专业用词就是意识，就是意识的指向性，这种方式把格式塔现象驱逐到了身体的外部。

其结果所产生的哲学问题、关于一元论的二元对立问题已经多次讨论过，如此看来，可知问题的根源其实在于常识本身的维度上。有一种观点认为：因现象出现意识才看见，还是因意识看见现象才出现的一类问题，在深远的哲学之前，已经在常识中相互矛盾的并存着。然后，在得知这一点的基础上，再仔细回顾，令人高兴的是，我们知道常识在其根本上，从一开始就在常识性的默契中准备了回避这种矛盾的思想方法。

说起来很简单，常识决不把意识看得过大，只把它当作不断的明灭、睡醒的功能来看待。与传统哲学的主流理解不同，对于常识来说，意识并非像神的眼睛一般具有恒常的清晰，仅有时而睡眠时而醒来，时而迟钝时而明晰的不稳定作用而已。常识那样理解的最重要的证据是，说到意识，很普及的惯用词就是“觉醒”①。觉醒当然是在睡眠中发生的，这个词的用法缺乏觉醒是意识的主体性作为的语感，不如说含有意识是一种作用，由某种外力使之觉醒的

---

① 这里的“觉醒”一词，日语为“目が覚める”，是自动词惯用表达、即自然发生的动作的表达方式，因而有文中一说。——译者注

语感。

将这第三项常识在理论上提炼一下，可以说哲学没有必要否定意识的作用，但很明显让其居于知觉的主角是没有必要的。现在可以将意识设想为是像早晨起床一样，被窗外的光线和时钟的铃声触发而觉醒，一旦觉醒，就能自觉地保持能动性的活动。这个觉醒与原本的早上起床不同，与昼夜的反复无关，一天之内要发生多次。触发的契机不是光、声等刺激，而是所有格式塔的显现与交替所起的作用。

概要地说，意识既不是格式塔形成的主体也不是动因，正相反，格式塔才形成了意识这样的结果和副产品。当人们合着音乐和舞蹈的节奏时，会情不自禁地拍手或踏脚，可看出这是与格式塔现象大致相同的反应。但正如之前所说的，这种昂扬感超过了限度，变得过剩之后，身体开始狂喜乱舞的话，意识就会变为陶醉再次进入睡眠状态。

在此顺便提醒注意的是，与一般说法相反，格式塔不仅有明确的“图形”和“背景”，在此中间还有渐层性的过渡形态。曾屡次提到过工作时身体的情况，随着身体逐渐被疲劳侵蚀，之前作为“背景”的身体逐渐以“图形”的形式浮现出来，这个转变无疑是渐层性的转移。类似的转移形式也广泛地出现在注意力的转换之际，例如车窗外风景飞驰的图案、交通信号和街道拥挤的图案等，几乎都在中间夹杂着灰色的格式塔。

关于格式塔理论的这一修正是重要的，之后在关于练习的讨论之际会再次运用它，这里暂且想把它当作说明意识的复杂状态的依据。如常识所了解的，意识中存在着清晰和模糊，刚觉醒时的微光，存在着不足以称为意识的“半意识”状态，这可看作正是与“图形”和“背景”间的转移过程相对应的。

节奏与记忆

这样一来,意识是身体这一节奏单位的活动的副产品,同时是把身体作为场所显现的格式塔。如果是那样的话,很显然,显现的意识本身会表现出与身体同样的行为,并与身体密切相关连而展开活动的。

实际上,身体在其内部还有更小的节拍单位,那些单位与表现为“惊鹿”现象的状态相同,而意识也通过识阈的切分被分割,并在其间隙中增强力量。这些都是常识所了解的。意识,首先是被动地开始出现一些迹象,在一段时间的半觉醒状态的积蓄之后达到一定的识阈时,就像戽斗跳起那样能动性开始觉醒。在这一瞬间,常识能看见事物的状态结束,主动地观察事物的行为开始出现。

同时,与身体在大小共同体中生活,接受集体性习惯的影响而活动同样,意识也分享了带有文明名称的社会性、历史性习惯,并屡屡借助其帮助来增强自身。

譬如,举先前所说的观察这样的行为,人类拥有延长觉醒的时间,扩展意识戽斗容量的文明手段。这种手段的典型就是美术活动,描绘这种行为。画画的手的动作与对身体的反作用,实际上是防止眼睛的视觉意识麻木的手段,这种事例之前做过各种介绍。正如康拉德・费德勒[①]所说,手是眼睛作用结束之际开始工作的眼睛的延长。用裸眼持续十分钟观察一朵花是很难的,而如果要把这朵花描绘在画板上,人很容易地就能忍受数小时的凝视。

---

① 康拉德・费德勒(Konrad Fiedler, 1841—1895),德国哲学家、艺术理论家,著有《论艺术的本质》(中译本:丰卫平译,译林出版社,2017)等。——译者注

身体更有记忆能力，正因为每一印刻的时间积蓄在“惊鹿”的戽斗中，构筑有长度的现在这一时间，无疑这个记忆被现实中与意识有关的文明性手段增强了。须注意，语言与文字是最极端的手段，它们与数字、音符等其他符号一起，决定了现在的长度。人可以根据语言的记录在现在的时间里意识到十年的岁月，相反地根据音符的记号，也可以在现在意识到钢琴演奏中颤音的一个触发。构成节奏的戽斗单位的大小，与其说是生理上的感性，毋宁说是由文明的产物——观念的帮助而决定的。

再追溯到最初，只能认为有意识的记忆与身体的节奏是相互促进而深化的。前文曾叙述过，首先，节奏是由身体整体来感受的，而这个整体中包含着从最初开始的脑的作用，即被意识化的记忆与观念化的作用。实际上，在月亮的盈亏、四季的变迁等延续很长时间的现象里感受节奏的习惯很古老，大概可以追溯到语言发生之前，而这种节奏有时会因当时的感性而无法把握到。为感受月亮盈亏的节奏，需要几个月的记忆，而要感知四季变迁的节奏，则需要数年的记忆。

在此强调一下，由纯粹的感性所捕捉到的节奏是不存在的，即使是几秒钟内流逝的节奏，没有将这几秒钟留下的记忆力是无法成立的。为使“滴答哆答”的节奏成立，首先感性将“滴答”作为“哆答”的过去而切分开来，然后，记忆必须重新将它们再次统合到现在的时间下。反过来从刚才的钢琴颤音的例子中也能明白，为了在一瞬间的内部切分节奏的分节，音符这个观念化的力量也是不可缺少的。

这样想来，节奏也可以说就是记忆，而反过来毫无疑问地，记忆扎根于节奏之中，由节奏所支撑。月亮的盈亏被记忆，是因为它以恰当的频率重复；四季的变迁被记忆，是因为它让人意识到了一年时间的完结性。而在这里,人类为帮助节奏增强、维持记忆而拥有了文明手段,很多民族举行庆祝月亮成满月的活动,几乎所有的民族都有庆祝四季变迁的仪式,对此这里就不再赘言了。

讨论到这里,我们可以议论现在是什么时间、它与过去有何不同的话题了。不用重复,现在不是客观存在的实在,也不是人能随意切分的时间宽度。它是人与时间相遇形态的名称,是人能动地抓住的时间,同时也是被动地被包裹的时间。人与过去和未来相比,与现在有着更密切的关系,但反过来说,人被现在的时间所裹胁。

比如,历史学家把百年的时间当作现在来感受,能热烈地论述那个时间的总和。但他能做到这一点,并不是因为百年只是一世纪这样的常识性单位,而是因为他倾注了自己所有的知识和研究,能体会到了这百年活生生的整个画卷。那时,历史学家被卷入了自己的学术热情与信念中,可以说是乘在知识的兴奋上被运送的。相反,对于弹奏颤音的钢琴家来说,他能感受到几十分之一秒的现在,是因为被卷入了音乐的陶醉之中,不可思议的是,正是因为这种被动性,才增加了身体运动的精致性。

与这样的时间的两义性遭遇,或许英语中的“commitment”一词表达得更好。因为这个词语里微妙地重叠了“干预”的主动的意思和“委身”的被动的意思。借用这个词,可认为所谓现在是人干预的时间长度,而所谓过去则是那个两义性淡薄,特别是削弱了遭遇的被动性侧面的时间。现在的悲喜将人卷入其中无法逃离,而过去的感情,人可以回忆或抹去,是比较容易操纵的对象。

现在带有这样的两义性性质,毋庸置疑是因为记忆本身对人类来说就是两义性的现象。下节还要重复叙述,记忆是人努力记住的行为,同时,也是不知不觉中渗透到脑中的现象。尤其是关于负面记忆的忘却，就更让我们明白了：人并不是为了忘记什么而忘记什么的，相反地，更普遍的是，要记住什么，往往不知不觉中忘记了。现在这个时间单位也是同样，人不能通过努力将现在变为过去，倒不如通过努力由记忆来挽留现在，总有一天力量衰退，然后意识到它已成为过去，这就是真相吧。

概括起来可以说的是，记忆的流动也确实有着"惊鹿"结构的作用，被称为现在的时间单位很明显地可以看作为那个戽斗的位置。现在当然已没有竹筒那样的固体的外部轮廓，如果比喻成那个树叶尖儿鼓起的水滴说不定更合适。想起来，19 世纪末美国哲学家威廉・詹姆斯[①]也曾将现在的到来比喻成一滴水滴。总之，现在不在于其定量的大小如何，而是将时间流动在一定的阈值上堰塞，在承受膨胀极限之后一下子消失了身影。当人们发现之时，下一个现在已悄悄地开始积累新的时间了。

节奏与习惯

谁都经验过节奏和记忆的相互促进的关系。节奏性的东西容易记忆，节奏是通过将过去与现在连接起来的记忆力而形成的。与散文相比，韵文更容易记忆；与韵文相比，声乐的歌词更容易记忆。算术中的"乘法口诀"可以用声音唱出来记忆，日语中的"假名歌"也为便于记忆，采用了七五音节的诗歌调。总的来说，有节奏性的东西确实更容易记住，相对而言，不怎么记得的节奏，肯定是难以唱起来和难以记住的。而支撑这个记忆与节奏相互促进关系

---

① 威廉・詹姆斯(William James, 1842—1910)美国哲学家和心理学家，实用主义的倡导者，美国功能主义心理学派创始人之一，亦是美国最早的实验心理学家之一。——译者注

的是身体,这一点从前面所举的事例就能推测出。念经的佛教僧侣用手敲打木鱼、钲鼓,念唱古兰经的伊斯兰教徒有节奏地摇晃上半身。声乐的歌手不仅振动声带,也连带气管和肺,以至于腰和脚全身都带上了节奏。即便是默读,读韵文的人也会无意识地重复腹式呼吸,即使从外面看不出来,身体的深处肯定是踏着弱强、强弱的节奏的。

不能否定记忆的一个侧面是意识。前文曾提及,意识的能动性是记住什么,或相反地忘记什么,或不能回忆起忘记了的东西等。对意识来说,记忆是一种被动的现象,无疑是无法自由地创造、消除的现象。要有意识地去记忆某些东西,必须采取迂回作战,必须用学习这样的方法反复体验虚拟的经验,而直接进行这种经验的只能是身体。

学习虽是知性活动,但如后面要详细介绍的迈克尔·波兰尼(Michael Polanyi)[①](*Personal Knowledge: Towards a Post-Critical Philosophy*)所主张的那样,其结构与实用性的行动的练习完全相同。顺便说一下,在练习中,意识会形成一定的假设状态,在练习中闭上眼睛将自己托付给身体,接受这些信息的身体所产生的行动的精度令人吃惊。例如,骑自行车时,为不让身体倒下,一直左右转动自行车的龙头,其半径根据波兰尼的计算,“与速度除以自行车倾斜角度的平方成比例”。这里想起了前文提及的钢琴家的颤音例子,那种情况下,陶醉带来的无意识惊异地提高了身体运动的精致程度。

总之,练习是创造新习惯的活动,对于被称为技能的那种习惯

---

① 迈克尔·波兰尼(Michael Polanyi, 1891—1975),英国哲学家,主要著作有 *Personal Knowledge: Towards a Post-Critical Philosophy*(中译本《个人知识——朝向后批判哲学》,徐陶译,上海人民出版社,2017)。——译者注

来说,意识无疑是敌人。如果意识认识到了像波兰尼计算的那样的回转半径,想要在每一瞬间将它传递给身体,那么自行车就片刻也不能站立在地上了。而且值得注意的是,这个精密的身体不仅支配一次次特定的行动,还能掌握骑自行车行动的范畴。之前曾指出身体有将自体范畴化的能力,走路、跑步等,用言词难以说明的行动种类能以自身力量来辨别清楚。这种现象暗示从古代、语言诞生之前开始,人类就具备了这类身体能力(《世界文明史——神话与舞蹈》),在骑自行车这样的近代性行动中这一能力也在起作用。但具备出色的高度知性的身体拥有的这种能力,不是在日常的现实行动中自然养成的,而是在练习这一特殊的假设状态下培育起来的,这一点已反复叙述过。

关于练习的严密的分析见下节,重复迄今为止的常识大约可表述如下。即,练习是一种行动,它将当前的目的束之高阁,与行动的漫长目的的连锁脱钩,这点上是与日常的现实行动不同的。日常骑自行车是为了比步行更快地前进,为了更容易到达一定的目的地。而且这样快速到达的目的是为了完成某事,而完成某事是为了更重要的人生目的。因此,日常的现实行动与无限的目的连锁紧密相连,但自行车的练习却是忘记这些目的而进行的。

人第一次跨上自行车踩踏板时,别说应到达的目的地,就连快速前进这件事也都忘了。一味注意的是不能倒下,一边左右把握龙头,一边微妙地移动身体的重心。人努力让双手、双脚、臀部的运动一致,这时引导身体的只有平衡的感觉。不久,人会突然意想不到地能骑自行车了,而他的意识也是被动地接收到这一成功的瞬间的。

因此,换句话说,所谓练习就是从身体中排除意识的干预,将其交给节奏来支配的行动。设定目的,确立连锁秩序,让身体服从于那些规则仅是常识性的意识要做的。

顺便一提，关于习惯的这种活力和隐藏其中的易被破坏的性质，深入论述习惯的哲学家不知为何错过了很多事例。拉维松的那本著名的《论习惯》[①]，也无法区别被创造、被维持的习惯与自然发生的"习惯"。他把习惯定义为"被动的同时又是能动的自发性"，已经迫近了其节奏性属性的近前了。这只能说很遗憾了。

练习是什么

用常识的语言来说，所谓练习，就是形成、维持、恢复正确的习惯行动，但不言而喻此时的"正确"不是绝对、客观存在的。无论是工作的技巧，礼仪规范的修养，还是科学研究的规则，凡能正确引导行动的，都是大大小小的共同体的规范，共同体本身也要遵守共同的习惯。

对每个个人来说，共同体的习惯是早已形成了约定，成为只能顺从的行动的设计图。就像音乐演奏家、舞蹈家由乐谱和舞谱所引导的那样，所有的行动者都在暗中被指导应与各种共同体如何进行互动。其中的指导并不一定需要社会的谴责和赞赏等有形的矫正。共同体以自身的节奏来行动的现实，那个节奏的波动本身会与个人的身体产生共鸣，如果使用第一章以来的用词，就是前者在寻求与后者的不断的共鸣。

这也说明了为何个人某个时间会想到需要练习，并"决心"开始练习。准确地说，"决心"这个表达是常识的通病，后文会对所有

---

① 拉维松(Félix Ravaisson-Mollien, 1813—1900)，法国哲学家。主要著作有《论习惯》(*De l'habitude*)、《论亚里士多德的形而上学》(*Essai sur la métaphysique d'Aristote*)、《19 世纪法国哲学》(*La philosophie en France au XIXe siècle*)等。——译者注

的行动作详述，严格来说，人都不可能有意识地主动开始行动。常识也大半注意到了这一真相，日常用语也对所有行动的动机，用一个惯用语说成“有点想做”。练习也当然，是人们从”有点想做”开始的，共同体的节奏与个人共鸣、交错，为创造新的节奏单位而驱使身体时才开始的。

这里要养成的是正确的习惯，但要想知道正确习惯是什么，观察应矫正的坏习惯也许是条捷径。如已暗示的那样，坏习惯有截然相反的两种类型，一种是不成熟、生硬的习惯，另一种则是过于司空见惯而变得粗糙的习惯。用常识的词语来描绘，前者是指人过于在意细节而反复的行动，后者则是出于惰性在细节上无意识地反复行动。

正确的习惯处于两者之间危险的中间带，这种危险境地可能反映了节奏本身的纤细及易损坏的性质。不成熟、生硬的习惯，节奏上分节性过剩、濒于停滞；过度反复而惰性化的习惯，节奏上流动性过剩、缺乏弹性。无论哪种过剩，都在一定程度被允许，毋宁说是产生节奏多样性的主要因素，但如果超过限度，节奏就会被破坏，变为单纯的沉滞或纯粹的流动。

关于这一点，若多讲两句，可考虑节奏的分节性在容许范围内胜过流动性时，由于那个微妙的过剩，会从习惯中切分出记忆来，而作为格式塔的“图形”浮现出来。记忆与习惯本质上是一样的活动，两者都有将过去和现在有节奏地区分开来并结合在一起的功能，在这种同样的作用中，可以说记忆倾向于切分，习惯强化了连续。习惯是内部包含过去的现在，也可说被记忆的过去被置于现在的外部。

实际上记忆与习惯的关系有多么微妙，只要思考一下譬如算术的乘法口诀是由记忆还是习惯保持的就明白了。在背诵“二二得四”“三三得九”时，其声音的流动明显形成了习惯，但如果将“二二得四”转移到别的计算（例如二的三次方）的上下文中来使用的话，这一句立刻就作为独立的“图形”被切分下来。而对于使用此来进行新计算的人，这一句应已化为过去的记忆。

上面的例子看似颇显周折地绕了条远路，其实，搞清记忆与习惯的关系是思考“练习是什么”的关键。因为所谓练习就是形成、保持、修复习惯，而所谓习惯就是内部包含过去的现在，所以要养成这个习惯，就必须让被记忆了的过去流入现在的行动中。也就是说，必须融解通过记忆分节形成的“图形”浮现出的过去，而在现在的每一瞬间作为行为的“背景”沉潜下去。

再换句话说这个问题，练习是把过去留给现在，拓展现在让过去渗透至内部。而如果这样想的话，马上就能明白的是，这时的现在的长度，节奏单位的长度还是尽量短一点比较好。前文叙述过，原本现在的长度是伸缩自由的，从哪里开始作为过去分离出去是根据行动的姿势来决定的。但在普通的生活者的行动里，如果现在的长度超过了一定的程度，初期的一部分会作为过去被切分，移到记忆领域，这种情况是很普遍的。

因此，如果练习要将过去留在现在，就要尽可能细分行动的动作单位，时刻防止过去从现在分离出来。以练习自行车为例，将骑自行车的行动细分，首先用一只脚踩踏板，调整腰的重心，并将方向龙头轻轻摆动到重心的一侧，几乎同时地尝试上述这些动作成为了一个练习的起点。那一瞬间，身体浮现出的格式塔的“图形”是单脚踩踏板的全身姿势，快速行进、到达目的地等目标不用说，连握住眼前的方向龙头，跨坐在鞍座上的记忆也完全成为“背景”隐藏起来了。

这几乎无须多言，练习者如果一直停留在这个瞬间的现在，不移到行动的下一个细节,练习是不能成立的。接着,练习者踩相反一侧的踏板,全身重心也向相反一侧移动,龙头的方向也与之配合移动,自行车才能向前。反复这样去做,在前行中的自行车上行动的细节被结合起来,现在逐渐地扩大,而扩大了的现在不丢失作为现在的统一。两脚交替踩踏板不仅在极短时间内,所作的动作多半都是重叠且互相包含的。踩踏板的脚一瞬间形成了“图形”,同样的瞬间对侧的脚也已是踩踏板的姿势了。其实那已不是踩踏板的脚的“背景”,其自身已成为“图形”开始浮现。再加上腰和手臂的运动也相互伴随着,可以看到,多个“图形”不是交替,而是并存且互相嵌入的。

请读者回忆一下前一节中推测的,格式塔不仅有明确的“图形”和“背景”,还有夹在两者之间的过度状态、即灰色的“图形”。比如有一幅风景,当人们注意到其中一个接一个显眼的“图形”时,就会想到在那些“图形”的中间部分并不是空白的“背景”,而是可称为风景的底层在蔓延。

到这里前面那个推定其可靠性越发增强了,练习中的部分动作的结合,现在的逐渐扩大,没有那个推定是无法想象的。虽说练习将行动细分,被细分化了的动作不能都成为“图形”,但这不是格式塔结构的消灭。练习行动的过程描绘了一定幅度的轨迹,让人感觉到其背后排列着微弱的“图形”在诱导着身体。练习并非徒劳地在进行,换言之,并非混入了无用的“图形”,而是当人们感觉到走向成功之时,格式塔进入了灰色的过渡状态。

但如果练习是这样的过程,练习行动本身中就没有节奏了。一连串的行动顺畅地流动,同时依动作的单位分节,在这期间没有发生“惊鹿”现象。尽管如此,练习继续走向成功,迎来了习得阶段的那一瞬间,习惯作为节奏可以反复的特性突然产生了。以各自的踩踏板动作作为“图形”独立出来,每次发生强弱、停止等变化的同时,两脚的交替像钟摆一样展开了平滑的往返运动。

而且,练习没有停止在建立起节奏运动的一次性成功,而是形成了可持续重复的潜在能力。这样形成的节奏以“素描”的形式记忆在身体里,这种相隔一段时间后也能再现的状态被称为习惯。可以说练习的成功是使习惯和记忆的关系复活,重新得到节奏的流动性和分节性的均衡。

达到这一点的瞬间,就自行车来说,是练习者经历了“会骑了!”这样的喜悦的瞬间,没有这样的飞跃的瞬间,反复练习就归于徒劳。一般而言,无论是技能还是日常生活的规律,良好的习惯无论主体怎样的努力都不会得到,而是如恩宠一般的瞬间降临于身体之上的。常识也察觉到了这一点,将习惯用惯用语称为“靠身体记住”①,这一神秘的瞬间准确地说可看作为节奏的“惊鹿”结构的一种作用。

节奏与学习

在习惯的形成及为此进行的练习的分析上用了许多篇幅,超过了原来的预计。不过,与习惯的形成与练习并列,还有一个称作学习的重要方法。还是根据常识,相对于练习是培育“做”的能力的活动,学习被认为是引导“知”的能力的行为。但真相并不那么单纯,只要稍稍回顾一下就会明白,两者的大部分实际上是重叠在一起的。

---

① “靠身体记住”的日语表达是“身につく”,是用自动词“つく”构成的惯用语,内涵“逐渐养成”、“自动形成”等意义,是作者要阐明的身体的节奏理论的一个例子。——译者注

首先是培养“做”的能力的练习，只要这种能力作为习惯，即作为潜在的能力被保持，它与“知”比较可以说几乎是同义词。所有的能力，作为节奏的素描被身体所储藏，而素描化的节奏像音乐的乐谱和舞蹈的舞谱一样，作为行动的设计图被抽象化和观念化。这类设计图很难用语言来传递，即便如此，无疑这些都是观念，都是知识的对象。实际上无论怎样的设计图都在施工现场“被读”，常常被“解释”出了微妙的差异。

一般来说，由身体掌握的“做”的能力，是用身体来记住行动的设计图，更深入一点说，是掌握设计图的阅读方法。举例说，这种活动与学习外语没有太大的区别。很多人说到学外语，特别是对其中的会话能力的学习，不是叫作学习，而是称为练习；相反地说到会不会骑自行车，却是用“知道骑车的方法吗?”来表达的。

另一方面，被严谨地冠以学术之名的知识习得，其大部分基本还是身体习惯的形成。

学习的身体性性格，首先可在初步阶段清楚地观察到。数学最初的学习是从屈指数数开始的，如前文中谈到的，所有的背诵都从朗诵开始。特别是算盘的学习深刻地显示了这一特征，可以看到随着拨动算珠的手指运动形成流畅的习惯，会明显提高了脑内加减乘除运算的技能。据说熟练者不久会完全不使用算盘，但大脑中浮现出算盘的心算能力依然十分出色。

学习提高了程度之后，这样的外在举止隐藏到了暗处，学习的多数委托给了身体一部分的脑。尽管如此，只要脑还是身体，情况就不会有根本改变。其中的明确精细的机制即便是现代脑科学也无法说明清楚，也许脑的前叶、海马都是依据学习形成习惯的，这一点从极其相似的事物上能间接地推测出来，因此，无论是学习的达成还是习惯的获得都具有节奏的性质。

能骑自行车的瞬间，像一种幸运突然被动地降临的；学习的成果有时也以“啊！懂了(eureka)”[1]这样一闪而过的形式，瞬间在脑内被动地浮现出来。能动性与被动性显示出两义性的一致，这样的活动以“惊鹿”结构表现出节奏的性质，毋宁说在脑内活动中更显著地体现出这种倾向。顺带提一下，现代脑科学也承认这一事实，根据前文提到的池谷的研究，流经神经细胞的离子在达到一定阈值前被储存下来，引起作者自己所说的“惊鹿”现象后输出。与此相反，行动的习惯一旦疏于练习，就会堕落至“惯性”或惰性中，而知识疏于学习，就会堕落至固定的观念或意识形态中去，失去富于优美弹性的节奏性活力。

进而，笔者希望关注，作为知识性习惯形成的学习有着创造历史性阶段的力量，这种阶段性的历史性进化也潜藏在“惊鹿”结构内的问题。这样的问题无疑就是范式问题，但实际上根据此概念的倡导者托马斯·库恩的说法，这一概念存在着还不能说是完美定义的问题(库恩《科学革命的结构》(Thomas S. Kuhn, *The Structure of Scientific Revolutions*)。确实，范式是指划时代的模范性研究、引领此后的思维习惯的重大发现，但对于问题的划时代性宏大意义，还是留下了模糊暧昧的地方。17 世纪的科学革命无疑是一种范式转型，但此后哪项突破可以说改变了范式呢？这样的问题还未有定论。

但重要的一点是，这一概念认为，科学史的潮流并非渐进性变化的连续，而是间歇性的堰塞与飞跃的继起。虽有关于范式转型的频度，一种范式的寿命等讨论，但科学史由积蓄的时代与飞跃性

---

① 此词为源于希腊语的感叹词“eureka”。据说是古希腊科学家阿基米德在科学发现时喊出的感叹词。汉语可译为“懂了！”“找到了！”“有了！”等，也有直接音译为“尤里卡！”的用法。——译者注

转型的时代交替构成的说法大体是确凿的。而且,此事对一般学术的历史来说,似乎也在暗示着什么。无论是社会科学还是人文学科,现实的研究都是踏实的工作,除了先行研究的学习,细微的发现和证实,日复一日的争论和达成一致的积累之外,别无其他。然而,在这些微小的知识流动下,时代的“惊鹿”的戽斗正在积满,不久当最后一滴水滴落下来的瞬间,会发生谁也想不到的智慧和思想的革命。

试想一下,类似“惊鹿”的结构不仅仅是学问,信息的历史的所有领域都装置着这样的机构,以改变舆论、风俗、社会共识的范式。历史没有规律,谁也无法预见和改变未来。但历史既然有节奏的结构,要避开称为革命的大变革是很困难的。

观念与事物

当把学习看作是由身体形成的习惯的一种时,马上就会面临很严肃的如何把握观念、如何定位知识世界的问题。所有学问都是操纵某种观念的活动,从表面来看,没有比观念更远离身体的干预。任何一种哲学史里,观念通常都被看作为感性的对立物,而迄今为止的常识都把感性看作完全是身体属性的。

观念与身体的二项对立,即使在哲学以外也是自古以来就为人所知的。谁都会想起刚学习欧氏几何时,最先学的就是图形观念,而不是身体感知的图形本身。无论谁都会因下面的概念而感到迷惑:点是没有大小的位置,线是没有宽度的长度,面是没有厚度的广度。你被告诫为了学习这些概念,不能使用量尺和分度器。人们在中等教育阶段就得到了这样的教诲:观念是纯粹思考的对象,为进行纯粹的思考,身体必须被排除在外。

但另一方面,同样是几何学入门,人们经验了为学习这种纯粹观念,不得不依赖现实中身体感知到的非观念对象的过程。为证明三角形的内角和是 180 度,人们在纸或黑板上用有宽度的线画三角形,甚至还画出辅助线来帮助思考。那些线不仅有宽度,还有深浅、有粗细,仔细看的话,还伴随着歪斜、抖动和渗入。如果不用人手来描绘就不会出现,不用手擦掉就不会消失。与想起来即刻浮现在脑海中,改变想法则即刻消失的观念相比,用手描绘的线条的存在方式本身就是不同的。

当然,从人生的顺序来说,最先遇到这种身体感知的对象,把它们归纳为“物”或“事”。不久,现代人在中等教育阶段学习了观念这个东西,之后几乎所有的成年人都在物或观念、经验对象或思考对象的二元论中度过一生。近代以前,知识阶层应已了解欧氏几何学,认为这种二项对立的常识是有史以来的传统。可说哲学从一开始就在锤炼这种二元论的传统,以或彻底对立,或反之调和期间的方法,赌上了整部哲学史。这样说虽有夸张,仍不为过。

到了哲学领域,问题就变得复杂了,观念、事物、两者的关系,甚至连称呼的方法也因哲学家及其流派的不同而不同。观念从最深远的理念和形相(eidos)开始,后改称为概念(concept,Begriff)、表象(presentation,Vorstellung)等,包含了各种微妙不同的含义。以事物与形相对立的质料(hylē)为首,被赋予了事(thing,Ding)和物(matter,Sache),及至物质(material)等,多种多样的不同的名称和定义。但要在此总结哲学的全史是荒诞无稽的,笔者只想考察的是这种二项对立的原点、常识上也能明白的几何图形与手绘图形间的差异及两者的关系。

在此基础上再对两者进行比较,即刻发现观念与事物的不同,是认识两者时的观点的个数、相位的多少上的不同。在心里描绘纯粹的几何图形的线段时，观点的个数只有一个："连接两点间的最短距离的线"一句话就说尽了。与此相对，黑板上用粉笔画的直线，正面看显得较粗，从侧面看显得稍细。从远处看就难以看清楚；反过来靠近用放大镜来看，可以看到粉笔粒子。对事物来说，同样的对象观点不同，看起来就不同；对观念来说，每个对象只允许唯一的观点。

这样试着定义后出现了一个有趣的现象：可以看到，迄今为止常识上哲学上都认为是完全不同质的观念和事物，实际上在某种意义上是渐层地相连着的。观念和事物确实位于一根轴的两端，但这根轴始终是连续的，应该存在着两者的中间部分。直截了当地说，两者的中间部分是"符号"，交通信号的红灯等就是典型的例子。使人联想到火和血的红，作为事物已经使人预感到危险了，如果从那里再进一步减少其相位(aspect)的话，浮现出的就是"停止"的观念。而到了这种程度，则不会再感觉突然了，连接观念和事物的一根轴，造成两者程度的差，即是人类的记忆而非他物。

记忆抓住了事物，企图保留其全部复杂的相位，但随着时间的流逝，其细节被遗忘，事物很自然地趋向素描化。当这种素描化达到极致，当相位的数量减少到仅剩一个时，残留在那里的东西就被称作为观念。正如谁都经历过的那样，黑板上粉笔画的线段，从数小时到数天之间包括粗细和摩擦的痕迹都留在记忆中，但随着时间的流逝，记忆图像就会失去具体信息，经过数个月之后就只会留下那条线段的印象了。而且，无论在印象中怎样探索，能看到的只是几何学的线段，换句话说，除了线段的观念以外应该没有别的了。

此外，可从完全不同的观点来说明记忆与观念化之间的关系。记忆是人对事物的干预(commitment)的形态。记忆在新鲜时，如前文所述,其作用方式中能动性和被动性共存。与其说“记得”不如说是“无法忘记”;记忆越是新鲜,其被动性的侧面反而越强。人被卷入记忆中,常常被无法忘却的记忆或是折磨,或是得到安慰。

但是,随着时间的流逝,记忆逐渐变得淡薄,这种干预的被动性的侧面逐渐衰减,人被记忆卷入的力量也逐渐减弱。最近的事件的记忆会让人卷入强烈的实际感觉中无法放开,但如果是时间遥远的事件的记忆,人们可以自由地回忆起或放弃回忆。旧日的记忆多为平淡无彩的,换言之,相位数减少;尽管如此,作为一笔素描,人们还是可以随时地回忆起来。就像前文提到的,这是一种极为接近观念的性质。所谓观念就是比上述的作用更进一步,人可以依据意识随意操作的对象。

这样来看事物,会看到事物与观念的关系呈现出与以前的常识完全不同的姿态。譬如迄今为止的说法是把观念看作事物的反映图像,反之事物只是观念的模仿物而已,但不能回答关键的反映和模仿是由怎样的机制引起的。另外,因为把观念作为意识指向的对象、事物作为身体经验的对象作了严格的区分,所以很难说明两者的过渡关系,成了一项难解决的课题。这里,把这两项都作为身体经验的对象来把握,只是针对事物,对象是放在现在之中的,而针对观念,对象是放在过去之中的,这样一来似乎给问题的解决投去一缕光线。

同样的事情如用另一种语言来解说的话,以往,人们是通过把事物的经验放在时间内,把观念看作无时间的存在来区别两者的。这种想法的思路是这样的:具体事物的经验有事情的顺序,有现在和过去的区别,而抽象的观念可以说是永远存在的,观念成为过去的东西只有那个观念被否定之时。与这样的思路相对,本书还是将观念置于时间之内,但要冒险尝试一次将观念置于以可回忆的过去为极限的时间里的思考实验。乍看这是一种十分奇异的尝试,而笔者想通过这样的试验,从根本上改变事物与观念的关系,寻求传统认识论的变革。

或有画蛇添足之嫌,这里还是要说明一下笔者这样去理解“认识”很大程度上得益于把知觉的原点置于格式塔之上的思考。不像传统的认识论,在零碎的感觉条件上寻求知觉的素材,而精神统合力将此归纳为有形的表象,而是用格式塔理论,从最初开始就一下子表现出一定程度上统合的整体图像。认识不需要亲手构筑知觉的内容,只要接受预先被构筑的“形式(Gestat)”就可以了。

也就是说,对于知觉来说,那个对象已存在于完成了的现在,而下一瞬间即可看作是准备着成为过去。当然,知觉的内容也包含着未来和现在进行状态的事态,而知觉本身的形成经常在现在以前结束了。这里没有收集光的刺激而制作阳光及灯的明暗的工作,如果有认识的作业,只有从阳光、灯的明暗那里引导出光这一观念的工作。因格式塔的“图形”不断被后续的“图形”更新,这个观念化的操作必须抓紧。

宿命性地格式塔的“图形”带有被过去化的倾向,那个过去化就意味着事物的观念化。只要认识的人把格式塔作为原点,就会强烈地被诱导指向被置于过去的观念。

观念与思维习惯

接下来到了要思考观念与思维的作用机制的时候,在此之前,笔者想到必须追加一个观念的重要性质。上一节的说明中,重点强调了观念是记忆能动作用的对象,人可以自由地想起,反之也可以消除它。的确,人驰骋思想,一个观念便会浮现出来,仅需将思想转移到其他观念,这个观念就会消失。正因为如此,到现在为止观念往往被认为是意识指向的对象,且往往认为这样的形态不可能与身体有关。

但不能遗忘,从另一方面看,记忆的能动性并非有着恣意的自由的东西,观念想象本身要有另一个条件:必须采取比较麻烦的绕远道的方法。这一点在“节奏与学习”一节中已强调过,记忆只在节奏性习惯的形式上发挥作用,要形成那个节奏性习惯,需要进行特别的身体运动:“练习”。重复一遍:要想起被遗忘的对象,人无论怎样让意识能动地工作,尝试在对象上集中注意力都是徒劳的。因为遗忘的对象不存在于意识中,集中注意于不存在的对象无疑是徒劳的。应该尝试的是,回到被遗忘的对象所置于的节奏的流动中,在身体上揣测这种脉动。遗忘的歌词通过试唱其前后的段落可以让人想起;忘记了一个数的乘法口诀,即使孩子也知道念念这个数字前后的“乘法口诀”就可能想起来了。

如再深入一步:大凡用纯粹意识来把握纯粹观念,即便不是遗忘了的观念,就是眼前出现的观念,其本身也是极困难的。例如,在脑海中浮现直线、圆等几何图形,不是以语言来定义,而是以图形本身来保持其意识几乎是不可能的。人的意识一会儿就疲倦了,等再意识到时,已在不知不觉中浮想起了用铅笔或粉笔所画的图形。

上述问题的证据是前文提到的几何学证明,为证明纯粹观念性的图形问题,人用手描绘出铅笔或粉笔线来思考。纯粹意识所把握的纯粹观念确实存在,但那是瞬间出现并消失的,人能持续浮想起的是近似的事物、是人被卷入其中程度较低的事物。通常,观念是用语言来记述的,这种记述看上去是永续的,但读到这些表述后浮现的观念本身还是一种不断地浮现出来又消失而去的状态。

人只能依靠近似事物对观念进行操纵，即便如此，并没有引起问题是因为，正如前一节所讨论的，观念与事物在同一轴线上存在，仅有渐层性的差异。前文中曾把事物模拟为现时存在，把观念比作过去存在，实际上把过去当作纯粹的过去持续记忆也是不容易做到的。如想长期回忆过去，人马上会被卷入回忆之中，多少都会被动地受其裹挟。另外，依据情况不同，本应作为过去处理掉的事物或现象，不知不觉间发现已成为习惯的一部分，渗透到了现在的生活里，不禁惊愕不已。

不用赘言，所有的过去都是某个特定现在的过去。过去在现在的边缘，与现在划分界限，却无论何时，都保持着雪崩似地涌入现在的姿态。反之也是真的，现在把过去定位为"现在，此地"的过去，依据现在的新鲜度、被卷入感觉的强度而赋予过去以意义。如果人生没有被时时刻刻的过去划分成时时刻刻的现在，恐怕现在就会陷于无紧张感、无干劲的无聊时间的持续中。过去在人生的潮流中，可说担负着音乐节奏的节拍的作用。

上述情况也同样适用于观念与事物的关系，无厚度、无重量的观念象指挥者一闪而过的拍子一样，将充满世界的事物划分为个别事物。观念是各个事物的边缘和外围，将事物的多种相位收缩为单一个体。顺便说一下，笔者在《装饰与设计》一书中也写过，常识、科学所说的个体实际并非真正的个体，不过是类的个体而已。生物学家称之为老鼠的是指鼠类，他们知道这样的前提，但仍以个别老鼠为例，进行观察和解剖。

被允许并且只能那样做的是，一般被称作事物的东西是依据观念被分割的对象，科学所看到的仅为可称作其外皮的观念而已。站在常识和科学的立场上，如果剥去观念的外皮，直接去看事物的话，能看到的只有混沌，这一点在笔者之前的拙著中已详细阐述过。反过来说，在常识世界、科学性世界里，没有观念，就不可能有事物，事物带有事物本来有的新鲜感而存在，并把人卷入那种存在感中，用一种悖论的说法，可说是因被观念分割而造成的。

这里如果重新返回前文所叙述的水滴的比喻，将离开树叶的边缘现在就要落下的水滴比作事物，将水以颗粒状包裹起来的表面张力比作观念。水滴表面大概只有一个分子的厚度，尽管如此，表面的实体只是极其接近观念的事物而已。照相后用电子显微镜观察，可看到随着各种相位而改变姿态的事物。从那种程度稍微再前进一步，把目光转移到将分子连成膜状的张力本身，可以看到的大概是无厚度无重量的物理性质的力。然后再把力的强度置之度外，仅看其作用的形态，应该只能看到几何学性质的球面观念。

其实包裹球面的那个张力，在产生水滴之前在树叶的尖端堰塞住水流，接着将其作为水滴分割开。两种状态是同一种力。前文曾提及，观念是事物的分界线，同时是事物的外廓，通过这个比喻可略明白一点其间的关系。并且，通过这样的方法去认识，在常识世界和科学世界中，由于事物被观念所包裹，才使得人眼能看到事物。这样来阐述的悖论应让人更容易明白一点吧。作为事物的水滴，虽没有一个是相同的，但人在其外廓观念的帮助下，可以谈论耀眼如露珠般的美，也可研究其作为类别物体的水滴力学。

不用再次强调，如过去是有应分割的现在的过去那样，观念也是有应分割的事物才能成立。这是很重要的一点，正是这种相互依存性，说明了两组的对立各自存在着节奏关系，当然，也提示那种节奏形成了习惯的连锁。很多实例表明，不仅没有特定的一个过去、或一个观念的单独存在，多个过去、多种观念的相互联系方式也有着节奏性的关系，将其联系在一起的是习惯。

关于过去，常识人绝不把任意的时点称为过去，而是遵循隔开一定时间宽度的时点称为过去的共同体习惯。譬如，即使要将一秒前的时点称为过去，防止被卷进一秒前的事件在身体上是很难的，因此这显然是不可能的。于是，这个问题就是人被卷入一定的事件从何时结束，而关于这个时间幅度，人们遵从的是共同体的习惯。当然，某事件的影响会持续多久因人而异，存在个人差这一事件本身就是存在着习惯性平均这一悖论性质的证据吧。

把人生分成幼、少、青、壮、老年是社会的常识，各阶段的年龄分割大致取决于社会习惯。原本社会运行有日历，把时间划分为周、月、年、十年(decade)、世纪等。这也是人们为多久的过去看作过去的衡量标准而设置的习惯吧。人人都有生日；依据宗教文化的不同，社会有新年、春分、夏至、秋分、冬至等庆祝季节节日的节庆活动。日本的佛教中，关于人的死，以首七日、一周忌为始，数十年的时间里，规定了每隔几年祈祷冥福的年忌。这样的节点全部是将现在送入过去的装置，可看成是使人与被卷入事件分离的制度。有趣的是，这种想法也适用于法律世界，时效制度甚至将个人责任埋葬于过去中。

这样，习惯将节拍敲进现在，使现在过去化而创造生活的节奏，同样习惯会出现相反的作用也很容易理解。即，让过去在现在的流动中复苏，让过去现在化并创造节奏的作用。在那样过程中能看到的就是先在观念上产生的节奏。只有在记忆中才能感受到月亮盈亏、季节重复的节奏，感受自然运行中生命的弹性。这样的过程中，虽然记忆留住了观念，但其本身是作为习惯被身体化的记忆，每当眺望月亮感到季节的轮回时，无意识中从身体深处会被动地涌出感慨。

在这里要关注的事实是，习惯在创造生活节奏上的运营，同样也是在思维世界上操作观念的运营。所谓思维就是积累多种观念的工作,换句话说,就是把事物切分为若干单位,重新将它们联结成一系列的节奏。思维必须保持平滑的流动,但要实现那样的流动性,观念必须将事物充分地分节。通常,这种分节化比日常的过去与现在的分节要更加严密,思维习惯的节奏与生活的节奏相比,紧张程度更高。

为提示这种思维习惯的严密性,英语中用一个意味着特别高水平的学术性习惯,需要与一般习惯相区别的、含有严格规则、修炼等意义的词汇“discipline”来表示。当然,一般的生活习惯,如果追溯到西方古典语言的词源,也有“ethos”“mores”等含有道德性含义的词汇,不过“discipline”一词以师傅传授弟子为词源,暗示了更强的遵循规则、制度的力量。每个学术性专业都有若干规则,无论哪个规则都是教导人们观念应如何区分事物,从一个观念飞跃到下一个应踏着怎样的节奏的。

即使考察前文已引用的初等几何学的例子,要证明三角形内角和为两个直角,应以哪种顺序,用什么观念,都有严密的规则。首先,延长底边以表示两个直角(直线),接着从原来底边的末端拉出平行于斜边的辅助线,确认斜边和底边间的角度转移到辅助线和延长的底边的交汇点。在这三个观念操作中,第一与第二的顺序可以倒置,但两者是完全不同的作业,其中划辅助线很明显是一种飞跃。这里有一种三段论法的作用,但三段论法的成立需要各段的准确的分节和流动。

再举一个例子,其中可以找到与初等代数的观念操作很相似的节奏结构。例如,为解二元二次方程,首先给出包含两个未知数的二连方程式,然后为使其中一连的方程上留下一个未知数而移项。由此出现第三方程式,再将第三方程式的右边代入第二方程式,取消一个未知数,出现第四方程式后才能导出全体的解。这个程序,即使有先用哪个方程式移项的差异,解题次序的各方程的数是严密规定的,是学习者应遵守的学术规则。

但学术规则(discipline)不外乎思维的习惯,很明显,它并非如法律强制那样的东西,因为 discipline 不仅指示个别问题的解题方法,而且教导广泛地涉及整个问题领域的所谓“隐性”解决方法。如果熟练掌握了几何学的思维方法,那么就能很容易地在新图形上画辅助线。解方程式,练习的效果是很明显的;解复杂方程的速度,随练习的程度而提高。这与习得骑自行车的能力是同样的,discipline 的熟练与其说是服从规则,毋宁说是自由的扩大。

即使学习进一步深化,转移到了研究阶段,这个 discipline 所拥有的节奏结构,观念的分节化和流动的规则性结构并没有改变。对笔者来说是超出理解能力的世界,但可以推测数学家、理论物理学家为解答问题而反复进行的大量数学式的推导,并非他们的思维在空中翱翔,而是被分隔成很多部分的步骤的连续。数式与数式间虽有思维的流动和创造性的飞跃,但每个数式都作为观念而起到堰塞作用,通过堰塞来促进下一次的飞跃。

再作一次重复,这里称为思维的东西不是单纯的意识运动,更不是纯粹的理性作用。意识与称为思维节拍的观念相关,被划分为节拍的思维的流动的实质是事物,是与该事物相关的身体的经验。

如果以实验化学家的观察和实验来讨论,首先他们把对象按观念划分为有类别的个体,然后把如何做才能证明什么的实验构想作为观念确立起来,在此基础上,动用眼睛、手干预那个个体。在这个阶段,科学家常与事物一体化,就像后文要详述的迈克尔·波兰尼所强调的那样,甚至像惊讶、感动这些看上去与科学无缘的感情都会体验到。而到最后,科学家又以某种结论的形式回到观念,那时最初划分为类别的个别物的观念必定被更新、扩张,实现了认识的"惊鹿"结构。

科学与隐性知识

结束本章之际,作为笔者的义务,应当介绍一下前文提及的贯穿于迈克尔·波兰尼科学哲学的认识论。他的主要著作《个人知识——朝向后批判哲学》中包含不少与本人的认识论相近的思想,给予拙论迄今为止的展开很多有形无形的宝贵启示。

波兰尼科学哲学研究的独创性,在那本书的标题上就表现了出来。在以往常识性科学哲学中,科学知识的理想状态是具有普遍性而无个性的,个人的知识仅作为被动的区分而存在。一般认为科学知识的主体是理性、悟性、能测量的感性,而不是包含暧昧的身体、偶然的履历等因素的个人等。确实,仅从作为科学研究成果而获得的观念来看,这种想法似乎没有疑问。地动说的正确,是因为那是客观事实,而由哥白尼和开普勒的努力而被发现的过程,只不过是与科学内容无关的历史事实而已。

但前半生一直是实验化学家、实际从事科学创造工作的波兰尼,依据自身的经验作出证言:科学不是那样的。如果不单单研究已成立的科学理论,而更着眼于科学被探究被发现的现场,可发现科学完全是个人用身体,靠着费尽心血的努力的产物。科学的发现可说先从个人的构想力开始,加之与构想力相关的个人热情,得到实验、计算等身体性灵性的支持,在充满个人全身的"隐性知识(tacit knowledge)"中产生的。

当哥白尼构想地动学说时,它还不是被证明的学说,只是一种更合理地思考事物的人性"嗜好(affection)"的产物。他据此构想了太阳系行星的圆轨道说，而开普勒将其修正为椭圆轨道说时，后者从前者继承了的还是那种人性的“嗜好”。合理性本身是缺乏力量的，有力量的是想要更合理的热情，这让科学家能经受多年研究的艰辛，并超越在他前面的各种学说和研究者，使科学史连续地向前发展。

这种热情不是单纯的盲目相信，而是以继承传统、积累经验后获得的个人“隐性知识”为背景的。所谓隐性知识，一言以蔽之，指的是个人的身体具备的智慧和技艺。人追随着这种不能用语言来说明的知识，自然地思考和行动。在水中游泳、骑自行车等技能是一种典型，人不能用概念来分段说明这种运动的方法。如果你去那样做的话，就像前文所提到的，骑自行车的人必须不断地左右转动方向龙头，并要持续地意识到以“与速度除以自行车倾斜角度的平方成比例的半径”来转动。

如上所述已能很明确地看到，波兰尼的隐性知识就是笔者所说的积极性习惯，个人性知识与身体性知识是同义词。自身是科学家的波兰尼认为身体能力不仅对高度的科学实验，也对像因数分解法那样的抽象思维有用。的确，正如前文所述，即使是初步的数学计算，如果反复练习，准确度会增加；几何学的证明中，也能不可思议地很快发现辅助线的划法。隐性知识作为格式塔的“背景”，或作为“灰色的图”在认识之前隐藏着，但能给予预感思维方向的直观、研究的构想力，而使研究者确信其存在。而这种力量只有在隐性知识中才能产生。

重复一遍，波兰尼的隐性知识中没有任何神秘的要素，虽然提到直观、信心、热情，但与情感性兴奋没有丝毫关系。那是由严密的科学训练(discipline)养成的身体运动的倾向，被训练的身体不由自主地选择的反应。如果说隐性知识的飞跃看起来具有神秘性，那只是意识的局限使之所以然的,这证明了身体的知性生产力比意识更大。波兰尼为使他人不产生误解,将通过教育可提高的隐性知识称为“推测之熟练”。

这种隐性知识,每位具体研究者以自己的个人知识积蓄起来,其本身不会以意识的核心对象浮现出来。如格式塔的图那样被意识到的始终是被分节了的知识。一般,作为科学知识被认可的只是这种分为节段的知识。但回顾科学史可以很明显地看到,任何定论都再次被接下来的个人知识所超越,如哥白尼被开普勒超越那样,同样构想的流动中,分为节段的知识经历着不断更新的过程。

波兰尼明确地称研究的构想为“动态力量”,将此与作为各个研究成果的静止性发现对置。不仅如此,据他的研究,构想的动力作用不仅是个别的智慧,也超越个人知识本身,在下一位个人中苏醒而不断反复跃动。看到这里再重新阅读他的著作后发现,他不认为个人知识是以个人为主体来支配的能力,而是个人作为通过教育而得到的知识、通过训练而掌握的技能被动地被赋予的能力。揣测波兰尼的言外之意,真相可能是:首先,最初产生的是无署名的知性冲动,那样的冲动随后在科学史中分流为多种构想,其次以分别拥有这种力量的形式产生个人知识。

思想过程发展到这里,我们可能已想到,波兰尼真正想说的不是个人的知识,而是知性活动的节奏性结构本身。人类无署名的隐性知识首先作为时代的构想被堰塞,其中更有作为个人身体性知识被堰塞的,每次堰塞由于“惊鹿”结构提高、增长了紧张的力量。而在每个环节的顶点被观念的节拍切割时,其显现的断面即科学的发现。

顺便说一下,为这样来理解波兰尼的本意,笔者想指出他所使用的“个人”一词是多少有些会造成误解的用法。个人确实是他所考虑的构想和热情的承载者,不过,有时也会超越此,拥有过度广泛的含义。个人因身体的死亡而消灭之后,有可能在法理上或历史性地继续存活下去。遗书会给个人死后的社会以影响,历史被记载的名誉,会将某人作为永久的个人加以表彰。但因为这样的个人很明显地与科学性认识发展是无关的,笔者想固执于以下的说法:认识的节奏的承担者不是个人,而只是称之谓身体的存在。

隐性知识与分节知识的相互促进

本章反复论述,波兰尼竭尽全力所尝试的是,使冷峻坚硬的自然科学回归人的谋划营为。重新审视明快而固定的观念与数式的罗列,阐明它们是来自于隐性知识的动态性力量的。前文已论述了这一极具说服力的论说,但略有讽刺意味的是,由此科学的整体形象反而变得难以理解了。虽了解了相对于分节知识,隐性知识的作用;但反过来,分节知识如何促进隐性知识的作用,为何隐性知识必然产生分节知识,却以语焉不详的状态而告终。

换句话说,波兰尼本人是科学家,非常清楚科学是分节知识的体系,但他的著作里几乎没有讨论关于科学特有的分节知识的应有状态、关于科学之所以为科学的知识的独特结构的内容。同样是分节性,科学应显示与艺术作品的分节结构、技术性行动的分节知识不同的结构,但波兰尼的著作里几乎没有对此作区分,而是强调了贯穿其中的隐性知识的同一性。

在《个人知识》开头部分,他提出导致人类与猿类的进化路径分开的是语言,其论说给人一种印象:语言的分节性,发展成了包括科学在内的所有分节知识。但这一说法即便不能说是错误,也太过粗糙和常识化，没有反映科学确立的历史情况。众所周知，广义的科学产生于公元前 5 世纪左右的希腊，狭义的近代科学是 15 世纪以后的西欧发展起来的，但语言的发生极其遥远，一般认为早于智人的诞生。

本人曾在《世界文明史——神话与舞蹈》中作过一番考察，波兰尼所思考的科学是在基督教神学中诞生的，从那里习得把握因果关系的方法而起步的。基督教把世界所有现象的第一原因归于神，而科学不否定这样的神话，但在现实中的小现象的“最近原因”上，是不受神的干预的。讨论是从这样的思维方式上出发的。根据八木雄二的《中世纪哲学入门》，最早提出这一思维方式的是 14 世纪初的约翰·邓斯·司各脱(John Duns Scotus)，现象的“最近原因”的思维方式决定了之后的科学性质。

之后，17 世纪的笛卡尔在科学上力求尽可能小地分割问题，以小关系的复合体来把握世界整体。这种方式是在尽可能地接近实质性的因果关系，是在依据约翰·邓斯·司各脱的要求行事。在解释一种因果关系的过程中发现其中更小的因果关系，科学就是这种方法的不断反复。把“风使树燃烧得更猛烈”这种粗略的因果关系分割，发现风里的氧和树里的碳的结合这样的更近的关系，进一步把氧和碳分割成原子，还原两者的数量关系。这就是科学的历史。

当然，笔者知道因果关系这个词目的论味道很浓，有的科学家以此为理由讨厌这个词，他们认为自然只存在着相关关系。但这样的科学家可能也承认，自然有着特别强地结合起来的相关关系，且期间也常有前后关系存在的事实。先有氧原子和碳原子二对一的结合，其结果产生了风使火更旺的关系，没有科学家会否定这样的事实吧。科学的解释仅此就足够了，科学是将自然分为尽可能接近的相关关系,并在此期间发现动态关系的连锁的学问,这样讲应该没有大错。

这样考虑的话,波兰尼所说的科学分节知识,不仅是内部包含断层的有结构的知识,形成一对对的单位,结成近似关系,且经常摆出姿势等待进一步的分节。一般认为分节知识本身不是静态的片段的积蓄,而是无限可分节化的存在。换言之,可将此看作动态节拍的连续。不是在空间中的罗列,而是踩着节奏的律动。

当然,那里会发生数量极大的知识堰塞,会增加以上述庞大数量计数的"惊鹿"结构,会越发提高流动的思维弹性和紧迫。假设如波兰尼所说,他的隐性知识是动态力量,是超越单个发现与个人知识而流动的力量,那就可看作这种力量通过"惊鹿"结构会反向增幅。科学的隐性知识超过猿猴的隐性知识,在人类隐性知识中显示出超群的力量,毋宁说那种分节知识的特殊结构中有其真因,可以说科学自诞生以来,就不断地由此而受到激励。

如想确认这一事实,试着将科学知识与纯粹的技术性知识作比较即可以。因技术性知识经常被赋予具体的目的,思维只为寻找实现目的的手段而工作,在那里不会发生因果关系不必要的细分。当社会认为目的已实现时,技术性思维通常就停止了,而思维不可能为思维本身而继续。

火药的发明是古代中国的伟大成就,而把硝石加到木炭和硫黄的混合物中,纯粹是技术性的知识。古代中国人虽由于隐性知识而认识了硝石的效用,曾在追求更好的硝石上努力过,却没有再探究其内部更为接近的因果关系。火药的发明对于古代中国的安宁这一目的来说已足够了,由此再探究更进一步的无益的分节知识已无必要。结果在中华文明里,没有发现硝石所含的氧这样的元素,也没有了解到氧与可燃物化合的科学相关关系。

确实,正如波兰尼所认为的,对科学来说隐性知识所起的作用是很大的。但从上述事例中可以明白,不管多么伟大的隐性知识,只要它不接受由分节知识的堰塞而造成的加速与增幅,不带有“惊鹿”结构所支撑的跳跃力,至少是无法成为科学的隐性知识的。在科学中,隐性知识产生分节知识确实是事实,但后者并不仅仅是前者的结果,相反,后者更大程度上保证了前者的质量。达到这个程度,科学就是隐性知识与分节知识的相互促进的协动,或进一步断言:科学就是两者间的节奏结构本身。得出这样的结论也不算鲁莽吧。

第五章
节奏与自然科学
——近代科学教给哲学什么?

运动——随时随地发生的现象

如诸多科学史家的一致意见,近代自然科学始于对运动现象的研究。那个时代的科学家都认为运动是自然的本来面貌。现代科学史的名著查尔斯·吉利斯皮的《客观性之刃》①,其第一章就从伽利略下笔,强调他对自由落体的观察意味着一次自然观的转换。

依据支配西方中世纪观念的亚里士多德自然哲学认为,秩序井然的静止才是自然的本质,运动不过是秩序被扰乱后,返回原本状态时自然展现的临时姿态。自然应有的状态由火、空气、水、土四大元素构成,由轻到重,按顺序形成不移动的层。当这些元素因某种异变而被搅乱时,各元素都要返回到原来的状态,这种恢复过程就是运动。亚里士多德的自然哲学整体还要复杂一些,但有关物理现象部分,吉利斯皮的概括是正确的。特别是中世纪的自然

---

① 查尔斯·吉利斯皮(Charles Coulston Gillispie, 1918—),美国普林斯顿大学科学史、科学哲学教授,著有 *The Edge of Objectivity—An Essay in the History of Scientific Ideas*,日文版《客観性の刃——科学思想の歴史》,島尾永康译,みすず書房,2011 年。——译者注

观,很大程度上受到这种静止观念的束缚,这一点是没有错的。

与此相反,伽利略毫不关心自然世界的本质状态之类问题,始终集中注意力于眼前的运动本身,力图把握带着速度和加速度的运动的复杂现象。应注意的是,做那些事的伽利略是反叛亚里士多德的自然观的,但他自己的研究却与那种形而上学的野心无缘。他费尽心血地通过几何学和实验以数字来表达自由落体运动的加速度,却并不想模仿赫拉克利特,证明“万物皆坠落”。再次借用吉利斯皮的话来解释：亚里士多德考虑的是事物为何会运动,而伽利略则只考虑运动是怎样的一种现象。

将主要的注意力投注于运动,且将运动的终极动因和目的置之度外的这种研究姿势,从牛顿的万有引力说到热力学两大定律,再经对原子内部运动模型的探究,到拆除了物质与能量之壁垒的狭义相对论,始终贯穿了自然科学的发展至今。现代科学中,通俗所说的物质,并非是不动的实体,而是被看作运动的力的一种形态。如爱因斯坦的“$E=mc^2$”的定理所示,或现实的核燃料中产生热的现象可使大众也了解这样的原理：物质就是能量。

但更重要的是,科学并没有把这种运动完全当作随时随地发生并消失的现象来理解,并没有与整个世界的一元结构联系起来考虑。科学既不主张运动毫无缝隙地填满整个世界的看法,也没有终极地提出从何处始又从何处终的结论。虽承认原子是运动的,但也未像古希腊的德谟克利特那样,为此断言世界是无限空虚的连续。更不要说对巴门尼德提出的与之相反的主张：世界因“某种事物”而充满,无产生运动的间隙,科学甚至连提出反驳的热情都没有。

科学在把握世界形象上的这种谨慎,似乎是在与传统哲学思维习惯作斗争的同时,经历一番迂回曲折才得以确立的。这一点上,比较有趣的是牛顿的情况,因他还处于科学思维确立的过渡期,时而会显示出理论上的动摇。由此,吉利斯皮调侃他“好像有两个牛顿”。

众所周知,牛顿将引力定义为两个物体的重心间作用的力,其力量的大小与两物体质量的平方成正比,与两物体距离的平方成反比。当时,他并未提及在那段距离间的媒介,引力被视为远程力直接作用于两物体,但这完全违反了传统自然哲学的常识。那种常识认为世界被各种媒介所充满,力只能通过接触物体才能传递,在虚空中飞过而传递的力的现象,相反地被看作为神秘的而遭否定。对此,牛顿最终还是坚持了自己的主张:实际观察到的引力现象才是重要的,明确表示对未从现象演绎的一切“假说”所讨论的世界是否被空虚或媒介所充满等问题毫无兴趣。

科学的试错

但另一方面,他接受了传统上认为的充满世界的媒介——以太的存在,据吉利斯皮引用的《自然哲学的数学原理》中的注释:“潜在于所有物体的某种微妙的灵气”,牛顿似乎容忍了这样的“灵气”使物体的粒子结合,产生电、光、热现象,甚至引起动物神经的活动。从这一插曲中我感受到的当然不是牛顿的迷惑和落后,而是在他眼前还有着传统的力量挡住了去路。当时的哲学力量——一种对统一的世界图像的执着,持续施加着强有力的无言的压力。

在牛顿之前半个世纪出生的笛卡尔是科学论的先驱者,这位思想者所看到的自然的整体图像是由物质充满的几何学空间,即广延。当然,那里不存在产生运动的间隙,发生的运动只有与广延对立的精神。另外,与牛顿差不多同年代的莱布尼兹(Leibniz),认为世界是由永远不变不可分割的最小灵性粒子、所谓“单子”所充满的。因单子不受外界的影响，相互之间不会产生因果关系，而将世界整体看作是按预定和谐的原理统一起来的。

让了解科学的现代人看来，那是一种聊慰苦疾的思辨，但这样复杂的思维的试错或应看作是哲学家责任感的表现吧。对于近代科学以前的哲学家来说，仅把现象当作现象来看待，轻视这些现象的终极性整体关系是知识分子对自身责任的放弃。最令人印象深刻的事例是康德，这位牛顿离世前不久出生的哲学家熟知科学，全面认可万有引力学说，并表明了热烈支持的态度，尽管如此，他还是试图基于这个理论构筑统一的世界图像。

当然，康德的中心课题是将科学定位为认识的一个形式，为使科学成立，考察认识必须具备怎样的结构。《纯粹理性批判》的重点不在于构筑世界结构，而是分析支撑科学认识的精神方面的结构、感性、构想力、悟性、理性的协动关系。无论科学是什么，其内容只是构想力将感性的刺激构成一种形式，悟性赋予概念以名字，在理性统一的地图上配置事物而已。康德把关于世界的直接说明基本上都交给了科学，但在此基础上还是显示了科学最终会被归结为认识的一种作用，由此证明了哲学的优势。

但菊地健三的《康德与动力学》一书告诉我们这样的事实：十分意外地，康德自己也进入科学内部，跟从牛顿尝试构筑独自的世界图像。在比《纯粹理性批判》早 25 年的论文《自然单子论》中，康德推定自然中与引力一起，还有拒斥引力的斥力，认为两者的均衡保护了个体的同一性和不可侵犯性。如果两种力量在最小空间中均衡的话，就会产生应称为“单子作用圈”的粒子，世界就是由无数的这种极小作用圈所充满的。当然，这种单子并不带有灵性，是纯粹的物质性存在，总之，这种单子的结合、集聚，创造出了自然万物。

笔者认为没有必要讨论这种单子论在科学史上的价值，但不管怎样，作为科学黎明期的哲学家典型态度的案例是值得关注的。想要说明世界结构的一元性的欲望，连象康德那样创造出称作认识批判的新方法的哲学家，都被创造独自的古典式形而上学的责任感所驱使。不仅如此，在开始起步的科学家方面，“两个牛顿”的对立也不是很容易消除的，而用科学本身的语言，去讲述形而上学的统一世界观的努力一直持续着。

例如，无间隙地填满空间，成为力、光、电磁波的媒体的以太的存在，牛顿自不必说，直到 19 世纪末的科学家们都相信，要想完全否定这样的学说，还必须等待爱因斯坦的出现。再次引用吉利斯皮的话，法拉第（Michael Faraday）与 J. C. 麦克斯韦（James Clerk Maxwell）合作，把电磁看作为一种流体，企图据此寻找在世界里流动传递的“力线”或“力管”的存在。麦克斯韦假想非压缩性的流体流动的小管道，设想通过直径无限小的管道，可使其无间隙地填充空间，描绘出引导流向的模型。

但另一方面，他们始终是科学家而不是形而上学者，因此不能无视从实验中得到的现象的证言。事实教诲了他们：这个流体在空间中不知从哪里被供给，到哪里消失了。这个从无产生到消失为无的电磁流的性质，不久引导了法拉第和麦克斯韦构筑更动态的世界图像。代替假想的填充世界的力管网，他们思考了随时随地地闪烁的“电紧张状态（electronic state）”，设想不是直行而是旋涡状旋转的电磁的存在方式，作了长期的思维上的试错。

经过一番试错后，麦克斯韦确立了电磁波和电磁场的观念，把这两者都作为现象来看待，这几乎可以说是世界观性质的革命。电磁场绝非遍布全世界的网，而是电荷产生、电流流动时产生的事物，是运送电磁流的媒介，同时也是电磁流的产物。如使用单纯的比喻，即是与水的波纹相似的运动，其自身随时随地地制造波形传递波动。在那里没有水的实物移动的流动，只有一浪推一浪的运动，像海啸一样的能量移动。不仅不存在覆盖整个世界的唯一电磁场，也无法设想在世界中产生出无数电磁场的统一性根源。

停留在"现象"上的思维

纵览现代科学史的潮流，可发现这种思维方法的转变并不止于麦克斯韦的回归。以太说消灭了，牛顿对引力根源的不关心最终取得了胜利，"两个牛顿"成为了一个人。最为醒目的是能量这一基础概念的历史，通过将能量概念重新解释为更具体的能体验的现象，科学从神秘的单一原理中解放了运动和力。近代科学之前被称为"活力(vis viva)"的普遍性力逐渐被遗忘，在现象的层面上，重新用"热素 caloric"一词来把握作为元素的一种的热的根源。

19 世纪初，萨迪・卡诺(Sadi Carnot)在研究蒸汽机的过程中，证明了热素既是温度现象，又是运动的原因，从而使得动力学和热力学取得了让人气喘不接地迅猛发展。其中，焦耳(Jams Prescott Joule)和迈尔(Julius Robert Mayer)的"热"和"做功"，赫尔姆霍茨(Hermann von Helmholtz)的"力"等，确立了可观察可计量的多种概念。将这些概念总称为能量，虽有托马斯・扬(Thomas Young)的先行研究，只是到了 19 世纪中叶才由兰金(William Rankine)提出并确立的。但这些毕竟还是以热能、运动能、光能、电磁能、核能等依据个别现象而命名的概念，虽设定了那些概念的相互转换会创造很多自然现象，但却仍未能先于自然一步，定位创造其整体的根源性动因。

企图以一元论解释世界是人根深蒂固的本能，19 世纪后半叶，以能量概念来解释世界的，有 F. W. 奥斯特瓦尔德(Friedrich Wilhelm Ostwald)倡导的唯能论(Energetik)。这种理论认为，所有的自然现象都应以宏观的量来描述，即可用这种宏观的量的变动——能量的移动与形态转换来说明。当然，这种理论与假定为粒子状态的原子论是对立的，而这里能取胜的也还是观察和实验。非常具有象征意义的是，20 世纪的佩兰(Jean-Baptiste Perrin)证明了阿伏伽德罗(Amedo Avogadro)的假说：在等温等压状态下同样体积的气体中所含的粒子是同样的，其结果导致了能量一元论云消雾散。

仅从科学的角度来看，能源还有很多问题没有搞清楚。不仅如此，现代科学由于逼近能量的真相，反而看到了越来越统一的世界图像开始出现了裂痕。大栗博司的《重力是什么》是物理学启蒙著作的杰作。书中阐述道，爱因斯坦认为重力不过是一种幻想，实际存在的只有质量。这种说法把宇宙空间和时间都看成伸缩自如的可塑性存在，认为其中的质量以其自身的力给时空造成了变形。大栗为此作了巧妙比喻：恰如纸上的玻璃球压出了漏斗型的洼坑那样的现象，让纸面弯曲成漏斗型时，所出现的缺损角的大小就是重力。不过，相对于以往的物理学认为重力制造洼坑，爱因斯坦则认为他所说的空间扭曲形成了重力的表象，思路是相反的。

恐怕未来的科学也和以往一样，虽梦想着统一的世界图像的可能性，但要知道其最终的结果，自始至终要忍受无穷无尽的徒劳的努力。也许这种科学的思维态度与方法极有可能超越狭义的科学，给哲学整体带来影响。其实，虽然影响的因果关系还不确定，但与科学的这种思维态度与方法相呼应，代表一个时代的思想方法的变化已被导入了 20 世纪前半叶的哲学中。

譬如，胡塞尔恰到好处地举起“回到现象本身”的标语，倡导返回希腊以来有着严密含义的“现象(phenomenon)”。这里所说的现象是在事物被问及“有？无？”之前浮现出来的，即便结论是“无”，也首先会浮现的观念。这与科学要证明其存在之前的相关现象极其相似。无论什么现象，科学在判断它是否实际存在之前，首先接受现象本身，在此基础上与理论一起，通过观察和实验来判断其是否能在科学上成立。在这里，科学家暂且对存在取中立态度，而这样的态度与现象学所说的“存而不论(epochē)”又是极其相似的。

同样，20世纪前半叶，柏格森倡导了纯粹持续的哲学，这个哲学也将出发点放在“由意识直接给予的”上面。“直接给与”是指没有其他媒介，直接出现的意思，仅限于此，指的就是现象了。回顾一下其中的深刻启示，是他把纯粹持续的实在性看作是比外界的广延更有优势的实际存在。其理由不是别的，就是“直接给与”，换言之就是现象。再如第二章曾详述的那样，纯粹持续是运动，这也与科学把握的运动相似，而它与整个世界的结构的关系并没有被当作问题。纯粹持续现象的细节被彻底阐明，但纯粹持续与包含外界的广延与固定的世界整体间是如何相关的，会创造怎样的统一图像等问题并未被深究。

也许哲学现在到了应从前面提到过的巴门尼德的咒语、把世界当作被实际存在填充的空间来把握的构想中真正摆脱出来的时候了。如果遵循完美的巴门尼德形式逻辑“存在存在，非存在不存在”，则世界上不可能有“存在物”可运动的间隙。于是，长期以来，如何为运动撬开原本“没有”的间隙是自然哲学的课题。近代科学将问题本身轻而易举地束之高阁，认为运动之前没有世界，运动能创造运动场所，使这样的问题有了落脚点。再提醒一下，科学所否定的并不是一种形而上的学说，而是用一个无法用反证的命题来说明世界的本身。说到这儿,读者应该清楚了,笔者将仿效科学,将本人也在摸索的节奏之所在的问题,确定为随时随地出现随即消失的现象,并考虑为各个流动是在自身产生的场所上的流动,即一种循环结构。

自然科学的素材

使用自然科学的"素材"这个不熟悉的词,是为了避免使用科学的"对象"这一传统的表达方式。笔者希望在本书全篇中克服一元论的二项对立,即:一方是科学这一认识主体,另一方是自然这一认识对象。只要被这样的二项对立所局限,就无法避免近代哲学中毫无意义的纠葛,即:科学是自然的真实写照,还是人类理性的构筑物?

只要真实地观察科学实践,就能明白认识论的这一纠葛是不会有结果的。如前文所阐述的那样,科学企图把握现象,但在研究过程中,无法将现象和真实特别提出来加以区别,现象究竟是实体还是假象并不是问题。科学上一定程度的真实是以规律、原理的形式提出来的,而那个真实始终归结为现象相互关系的整合性,没有要求在此之上的实证。如后文要阐述的卡尔·波普(Kare Popper)的论说,现象的记述以可反证的形式被提示,且如果没有被反证,即是真实的。

如已经陈述的那样,实际上科学现象无非是"类的个体",即直接从观念渗透到所有事物的设想上引导出来的。将观念与事物对立并加以区别,如像康德那样,把事物当作对感性的一种给予来看待,把观念看作理性、悟性的构筑物的构想,笔者不太能赞成。科学所把握的现象最初开始并非"此个体,彼个体",而只是作为某范畴的例的个体，那个范畴的观念被认为是与事物本身一起由自然给与的。

但如前文反复提到的，自然给予人类的观念并不完全清晰，总是带着波动、渗透，隐藏在事物的暧昧之中。自然中的观念宛如水面波浪的波头，不明确正确节奏的节拍点。由此科学把波头顶点清晰地区分出来，描绘出节奏的节拍结构。据第二章介绍的克拉格斯的说法，科学并不构成自然而是“加工”自然，这样考虑的话“加工”一词也许很契合。顺带提一下，这种节奏的明晰化是从科学诞生很久以前，人类划分季节，赋予春分、秋分、夏至、冬至等命名，制作日历的同时，举行庆祝自然的祭典时就开始的行为。

从科学史上看，十分醒目的存在着持续细分现象的倾向，科学家不仅观察事物的细节，还通过对细节的记述、数式化，以及更重要的命名的方法，来确定现象的轮廓。田中祐理子的《科学与表象——“病原菌”的历史》是一部细菌学史的力作，其中特别有趣的是书中描述的通过显微镜观察及记述的发展经过。17 世纪荷兰的科学爱好者列文虎克（Antonie van Leeuwenhoek）是初期显微镜观察的有名人物，他向《英国王家学会哲学学报》杂志投寄了大量微生物观察的稿件。他用语言和素描来表现这种观察，报告的内容量很大，但以科学性基准来看，存在着重大的缺点。

发现这些缺点的是 20 世纪的原虫学者多贝尔（Cecil Clifford Dobell），他撰写了列文虎克的传记，重新探讨了前人研究的全貌。多贝尔注意到并感到困惑的是，列文虎克没有使用足够的语言这一情况。这位科学爱好者仅仅将显微镜中镜像形容为圆形、椭圆形的，只记述了“像泥一样的粒子”“呈螺旋状排列的绿色筋条”那样的句子。为将这样的记录提升到科学性现象，多贝尔自己补充了记述并进行了再命名，重新认定了“轮虫”“纤毛虫”“绿虫”等虫的名字。

两人间虽说只是科学家与科学爱好者的差异,但这种差异也就是科学发展的历史距离。换言之,科学的发展与科学语言的充实是同义词,科学发展意味着区分事物的观念爆炸性地增长。事实上,对亚里士多德来说元素只有四个,但近代科学的元素周期表记载的元素超过了九十种。拉瓦锡(Antonie-Laurent de Lavoisier)之后命名的化学物质的种类,林奈以后被分类了的生物的种类也上升到太空中星星的数量。现代量子力学诞生后,新命名的基本粒子数也逐步增加,认识了轻粒子、中微子、夸克后,还有各粒子的代际区别,如今每年都期待着粒子上的新发现。

自然的显现和文明的认识

再次强调一点:上述科学语言词汇的增加绝非文明造词能力的成果,自始至终是自然本身的产物、自然现象显现的增加之结果。命名正因为有应被命名的发现才可能,发现正因为有应发现的东西显现才能发生。这一顺序不必等待艰深的认识论,只需从常识上反省人类的注意是怎样工作的就能理解。注意只在存在应指向的目标时才工作,所谓发现,是还未形成注意时,探索应注意的现象而发生的活动。

从常识的维度来看,为诱导发现,人一般能做的是,把身体置于一种警戒状态,摆出凝视、向前倾、紧张屏息的身体姿态等间接行为。这样一来,如运气好的话,自然现象就会在身体警戒圈之内,慢慢地以模糊的轮廓和结构,在身体的对面显现带有作为类的事例的个别性的一种姿态。顺便提一下,文明为强化维持身体的警戒状态,产生了有意或无意地帮助身体的各种工具和机器。其中有意被发明的工具之典型就是透镜，将透镜组合起来，就是早期的望远镜和显微镜。

望远镜和显微镜都有四百年的历史了，现在这两种工具都不需要透镜，发展为不依赖光学原理的装置了，但其文明性的意义是从伽利略的光学望远镜时代产生的，这一点并没有什么改变。这种工具不仅有扩大现象、靠近观察者等功能，还能固定观察者的窥视姿态，通过限制视野的方法自动地防止注意力涣散。特别是在光学显微镜的情况下，由于现象在压板玻璃表面上被平面化，事物的相位数量被自动削减，更易描述的姿态开始出现。

但更有趣的是，当文明与科学没有发生关联，独自发展起来之时，并无促进科学的直接意图，但偶然为科学的飞跃而作出贡献的事例还是意外地很多。最古老的事例是工程用的杠杆的发明，其结果导致了阿基米德的科学发现，引导出支点的距离和力的放大率之间的比例关系。另外，即使在近代，拉瓦锡的燃烧实验也需要密封的透明玻璃瓶和为点燃内部的碳而使用的透镜，这些都是由不知道科学的威尼斯穆拉诺岛的手艺人创造出来的。另外，前文提及的热力学上萨迪・卡诺的业绩，也是因为首先有在此之前的蒸汽机技术的发明，对这样的事例作观察，受到触发而形成的。

虽然这只能说是有些不可思议，文明不知为何整体上以诱发、发展科学为目的而形成了自身。稍想一下，可认为文明原本产生语言，创造文字，发明了包含“0”的数学，都是为科学的诞生准备摇篮的。社会制度也很重要，上述的田中祐理子的著作强调了在细菌学的发展上，除了巴斯德(Louis Pasteur)、科赫(Robert Koch)等人的个人才能之外，他们组织的研究所的作用也很大。这样说来，从最初培育了牛顿的英国王家协会开始，到现代大量的大学、研究机构、学术财团、以及政府，如果没有文明产生的制度性组织，就不可能有任何纯粹的科学。

科学中显现的节奏——“冻结的自然”

前文介绍了科学“加工”自然的表达，由此再次想到的是池谷裕二所说的脑活动的“惊鹿”结构。大脑的神经细胞（神经元）将信号作为离子的流动来传递，但这种流动并非不间断的连续。细胞有叫作突触的截面，其对面有连接面，以此为媒介，输入的离子一旦在细胞内积蓄起来。这种积蓄量有一定的阈值，在输入的总和未达到这一阈值之前信号不会到达下一神经元。离子有兴奋性和抑制性两种，不管怎样被传递，离子先被堰塞，增加流动的力量，不久就会爆发性地跳到下一个细胞。池谷在关注流动、堰塞、爆发的三级结构的基础上，作为描述这一过程的比喻，十分贴切地选用了“惊鹿”结构这一表达方式。

笔者对池谷的表达才能深感佩服的同时，对他在这段文字中不经意间所暗示的关于自然与科学的本质关系，不由得产生了新的兴趣。回顾前文所说的感觉刺激传递的“惊鹿”结构，实际上谁都在科学之前的体验中了解这一点。比如说，即使人的皮肤接触了什么，也并不能立刻感受到所有的刺激。通常，人同时持续接受了多种刺激，为要在其中清楚地浮现特定的皮肤刺激，那种刺激需要相当的强度。人们清楚地感觉到“痛”或“痒”的一刻，是刺激的强度达到一定的阈值，即量变转变为质变时，几乎瞬间发生的现象。

笔者并不想说，脑科学实际着眼于这样的日常自然现象，经过具体分析这些环节的过程，发现了神经元和突触等。并非那样简单，而只是自始至终作为原理性关系，想再次确认科学存在于“加工”日常性自然体验的关系中。也许经过另一条认知路径，其结果却非常精妙：脑科学将刺激的自然体验分节化，成功地明确了其节奏结构。神经细胞进一步被区别为输入离子的树状突起与输出的轴索，流动的离子也被分为兴奋性钠离子、抑制性钾离子或氯离子，形成功能的结构。

如此说来似乎有些急于下结论，但环视科学把握的自然世界，可定义为“惊鹿”结构的现象实在太多了。无论是物理学、化学还是生物学，都广泛使用“阈值”“临界”等概念，承认有能量的量变转变为质变的转折点。本书在第一章里就举例说明了水滴的形成和落下的现象，用科学的语言来说，这里一方面有水的重力，另一方面有将水滴聚在一起与树叶结合的电磁力，可说这两种能量是相克的。水流重力逐渐增大，当达到了破坏电磁结合力的瞬间，水滴就会离开叶尖落下来。

同样的情况也能在热与物体的变化中见到，譬如液体的水冻结成为固体，沸腾成为气体时，各被称为冰点、沸点的临界点。热能与物质内部的粒子（水分子等）的运动是同义语，外部被加热使运动激化，整体形态变成了气态，热量被夺走，使运动减缓，就会变成固态。在自然的现实中，临界点是有若干变动的，而科学则“加工”现实，明确了在一个大气压下冰点是摄氏零度，沸点是百度的分节性。另外，能量本身的性质会发生变化，热量会以光的形式出现，随着铁的加热，会发出红色光，继续加热会放出白色光，毋庸赘言，各种变化会有临界点。

自然中有流动，其内部有断层的想法，作为思维的趋势，当然，会分割流动，确立种类的差异，进而倾向于考虑作为流动构成要素的粒子的存在。回顾科学的历史，可以发现，思维正朝着这一方向不断地迈进，最终到达以流动与粒子的分节关系为核心主题的程度。

当然,运动的粒子这一现象是科学以前的自然本身的显现,德谟克利特模糊地感到有这样的东西,而科学则加工了这一印象,明确了流动和粒子的两个方面。化学首先将气体和液体分类成流动的元素,经过发现其中的分子和原子的过程,终于发现固体也能还原到粒子的运动状态。如前文中的《科学与表象——"病原菌"的历史》所述,从最初感到像气体一样流动的"瘴气"的阶段开始,到16世纪的弗拉卡斯托罗(Girolamo Fracastoro)所预言的其中有"极小的粒子",最终在显微镜下将其取名为"细菌"而明确区分开来之时,微生物学才得以建立。且后人皆知,这些细菌通过巴斯德和科赫之手,重新返回到发酵、传染等流动现象中去了。

而用最直率的语言来阐述科学中出现的节奏,把节奏定位为类似科学现象基本原理的著述,可举出中屋敷均的《生命: 精妙的装置》。作者自身是在生物学研究最前沿的研究者,同时也是对专业研究成果的启蒙投入极大关注的科普作者。作者在此书的前言中就早早言明了生命的作用是"静"与"动"相克的表现,制造两者的对立与相互促进是节奏本身。"静"是生物"制造与自己相同的东西"之性质,而"动"则是"制造与自己相异的东西"之性质。不用赘言,因有前者,生物的种子才能保持自我同一性,而因有后者才能进化。

进一步阅读此书的正文,读者会立刻发现,这样的动中存在着静态,静中含有动态。细胞内有被称为DNA的基因链条,极度细长的链条由四种碱基按一定顺序排列而分节。DNA以两根一组形成所谓双螺旋,黏结两根基因的是成对碱基同伴的相性(互补性)。重要的是四种碱基不仅是排列,且根据其排列方法制作出一种完结的上下文,发送与语言相似的遗传信息。四种文字所构成的上下文似乎很单纯,但碱基的组合在产生各种氨基酸的过程中,被“翻译”，意义得到放大，产出了各种各样的遗传信息。

只要DNA的长度和碱基的排列方法不变，两根一组的组合也不会变化，继续发出同样的遗传信息，维持生命的自我同一性。通过生殖使生命增大时，两条锁链暂时分离，来自父方的一节链与来自母方的一节链重新结合，使性质发生了很大变化。另外，在这个过程中，由于发生事故，受到外部强烈刺激等，遗传信息发生变化，这就是生物突然变异的原因。无论怎样，作者感叹道：生命对抗信息的保存和变革，在这种纠葛之中，引发超乎预想的“创造”，“不断地产生渐进性微小有用的信息”，而其含义未想到与文明本身非常相似。

符号与科学

科学是各种观念的集成，是大量的符号体系的集合体。如果说科学在另一方面是被“加工”了的自然本身，而不是把自然作为外界存在来表现的活动，那么这里就有必要再次明确观念与符号的本质性意义。

关于符号，最为常识性的理解，是将某事物的观念以单一意义来表示时，表示那个事物方式就是符号。如在纸上写上“紧急出口”并加上箭头的话，那张纸对聚集在集会场上的群众来说就是符号，交通信号的绿色和红色的灯、各种图画文字也被当作符号来使用。常识上也可理解为，符号之所以成为符号不过是社会性约定的结果，一般认为在所指示的事物与被表示的观念之间本质上并没有必然的关系。如果改变约定，将十字路口的红灯改为“可前行”的符号，绿灯改为“请止步”的符号也是可以的。

但这种常识究竟在什么程度上是正确的，仔细思考后可疑的地方不少，已经受到了来自哲学符号论的批判，这里对此暂且不作讨论。在此要讨论的是，即使存在着不少上述提到的符号，但至少可以说，还有一种与此完全不同种类的符号。先举个反复提及的例子，比如对应几何学的“线”的观念，再想一下用粉笔画出的线，情况就清楚了。

如前面详细叙述过的，粉笔线其内部隐藏着多个侧面（相位），本身不言而喻就是事物，另一方面，又与几何学的线的观念有必然的关系。实际情况表明，手绘的线条虽有歪斜和波动，但那样的偏离是留在一定限度内的，如果超越了这个限度，就会变成别的观念，变成棒、带等有宽度的平面符号等。用粉笔画出的线条这种事物，不是指外部的观念，而是将它看作内部含有其他无法替换的唯一观念的萌芽。可以说，这个事物还是事物本身时，就已被观念渗透，成为半观念化的了。

试想一下，这样与观念有着必然的关系、可称为被观念渗透的事物的符号，意外地很多。宗教领域圣像可说是神的观念的符号，可看到现实中用树、石头造出来的圣像本身就渗透着神圣性。信徒们在神像前不仅磕头，还经常用手触摸，有时会拥抱、亲吻。在东南亚的佛教中，信徒在寺院的佛像上贴上金箔，增加了其庄重和光辉，据说这样能感受到宗教性的喜悦。即使是否定偶像的伊斯兰教和犹太教，也把法器、圣典、圣地、礼拜堂等当作神圣的事物来崇拜，信徒们认为玷污这样的事物是对神本身的亵渎。

更被观念渗透的事物，在经济活动中不可或缺的货币就是其中的一种吧。货币是纯粹的交换价值观念的符号，如探寻其历史性起源，其根源在于金、银或稀少的贝壳等其自身是有价值的事物。当然，货币自古以来就由市场管理者、政治权力改变为社会约定，以货币的定义被成型、刻印，最终被换成纸币，从而从事物本来的价值中分离出来。但即使现在，货币依然深深扎根于事物的价值里，换句话说，被交换价值持续浸透的事物，只有权力崩溃、市场混乱之时，才会极稀罕地变得明显起来。与其持有纸币，持有金币、银币等货币，人们宁愿储存更多的金、银等原料金属，以保证其资产的价值。

闲言少叙，总之笔者想说的是，科学中的自然与宗教中的圣像、经济上的货币相似，是被观念渗透的事物。自然并非通过科学的符号来指示，而是在科学内侧组合所形成的事物、符号、观念的连锁。之所以能做到这一点，是因为自然本身的表现方法内具有节奏的结构，一开始就以包含观念的姿态出现在科学面前。

读者如能回忆起前文，会知道笔者提倡的节奏并非柏格森所说的纯粹持续。节奏包含拍子是其本来面貌。与纯粹持续不同，节奏被堰塞、形成“惊鹿”结构是其本来的姿态。回忆起那些内容自然会明白，为何科学不因记述而要停止自然的运动，就像乐谱和舞谱不会抹杀音乐、舞蹈那样的道理。虽道理过于明白，无论音乐、舞蹈还是自然的运动，其自身内部都包含着从一开始就能被记述下来的停止，通过停止其运动被增强。

事物“代表”观念

通过科学让自然的节奏明确化，首先是从描述显现的现象开始的。记述在现象波浪的一拍上注上重音符，为这一拍取名，由此完成其观念化。脑内的信号以脉动形式流动，脑科学以脉动的一拍为单位赋予称为神经元运动的名字。接着，记述接受运动的进一步细分化，特定向神经元传递运动的突触的存在，同时为流动本身准备了离子这一名称。每次记述，自然的事物其性质被特定化，换言之,其侧面(相位)的数量持续减少。

这个过程,从列文虎克的显微镜下看到的圆和椭圆之类模糊的生命体时开始,之后多贝尔把他的那些发现的记述复杂化,终于能看到将那些现象命名为“轮虫”“纤毛虫”的过程。显微镜的进化与观察方法的精致化,增加了生命现象表现的复杂化,据此产生了越严密地定义自身越接近观念的悖论。不久,在现代生物学里出现了细胞的形态,出现了基因的双螺旋,出现了 DNA 的锁链和碱基对的配置,终于在这样的边界上,朦胧地看到了“生命”这一观念。第四章中阐述的观念与事物的关系、观念与事物在同一轴上,在事物的相位逐渐减少的极限上的假设,可被视为是由科学的实际状态所支持的。

虽然有点画蛇添足,但还是要强调一下。一直以来,无论依据常识还是依据哲学,相位这一概念往往容易被误解。由于这种误解,相位被看成,由人的观察方法与思维方法来决定的,是观察的人的视点与视野的差异的产物。当然,如英语中的“look”一词有“看见”和“能看见”的两种意思并存那样,相位确实也可说是人看事物的观点。但诚实地回顾一下自己的体验就会明白,人在发现外部显现的东西之前,是无法自己选择对象的。因为只要显现的东西不在先存在,人即使想选择应看的东西,也不存在那个选项。

无论怎么想,事物的相位都是一种现象,其数量的增减也是自然而然地显现出来的。并且,位于一个单位的现象的一端的观念、作为被分节的一个单位的断面而产生的观念,也只能认为同样是从事物中显现出来的。如“铁”这一观念广为人知,但将铁作为事物本身能体验到的人是不存在的。可以体验的事物是铁钉、铁板、铁丝、铁粉,纯粹的铁只是作为与上述这些事物共有的观念而存在。但这个观念不是人恣意捏造的东西,铁钉、铁粉等事物相互间变形的过程中，无论意愿如何，都会有只能认为是共同性质的东西浮现出来。

科学创造实验这一特殊的体验场所，促进从这一观念的事物开始的显现、及通过事物的变形导致的观念的显现。在实验中，与观察的情况相反，比起事物来，先在脑海里出现称作假设的观念。当然，假设不是主观恣意的捏造，而是在此之前的各种各样的观察所得出的，不过，其自身只具有一个侧面（相位）这一点，无疑就是观念。

拉瓦锡首先以否定燃素这一观念为目标，假定了今天称为氧的未知观念而开始实验的。在此基础上，收集了实证所需的事物，确定事物燃烧前后存在的东西、确定只能认为其存在的物质的观念。实验的步骤是现在广泛进行的教育性实验，如果看一下《蜡烛的科学》里的法拉第实验就更清楚了。对于法拉第来说，氧的观念是已知的东西了，他以已确立的观念为前提，只是通过将不同的事物作为装置使用来再次确认了这一观念。

第四章中，笔者试图在记忆的过去里追溯观念的存在，而与事物的现在性对置，不知不觉中，科学实验的假设与实证的关系似乎增强了笔者的拙论。在实验的过程中，假设通常存在于变化事物的过去，而等待着现在的现象变化去自动证实它。顺便说一下，埋头于实验中的事物会让人的身心卷入，使人或困惑、或兴奋，而在这期间，假说保持着与情感无缘的稳定性。这一点处于与过去的记忆一样的位置。好像已无须再多说了，观察遵循与之相反的步骤，首先致力于现在的事物，通过记述，强化其分节性，将各部分集积成过去的记忆。

与提示的内容完全不同的事物与观念的关系，笔者到现在为止是以隔阂性接近这一表达来把握的。另一方面，笔者屡次因叙述方便起见，将观念当作事物的边缘、事物的横断面来解说，但严格来说这是不正确的。事物的连续,其边缘始终是符号,尽管这里侧面(相位)最少,但仍保留着多样性。因此,问题是正确的符号与观念的关联形式,不得不认为只有一个侧面(相位)的观念与这个符号之间,仍有一张纸般的隔阂,且两者间没有距离。很难说明这种奇妙关系的结构,为设法帮助读者产生表象,笔者在脑海里浮现出的是将一个数学性关系作为比喻来解说。

初等数学中有"π"的观念,作为表示圆周与直径之比的数广为人知,不过,将此置换为可用于计算的实数就出现了无理数3.141 592 65……这样的无限延伸的小数列。这一小数列单纯地只接近"π"观念,但正确地不断延长数列接近"π",而最后还是不能填满如一层纸般的隔阂。如果在此将在事物的边缘逼近观念的符号比作这个无理数,能想象其与"π"之间的关系,即使很模糊,也能理解符号与观念的一般关系,理解隔阂性接近这一奇特的表达了。

然而,通过符号隔阂性接近这个想法虽说明了事物和观念之间结构性的关系,但还没能说明两者功能性的关系。其拥有的是在切断的同时又联系着的关系,究竟事物和观念在互相之间到底站在怎样的立场上,互相间扮演着怎样的角色呢?观念先渗透进事物中,而用事物的观念化这样的表达,这意味着更为逻辑性地何种的关系呢?

笔者为表达这种功能性关系,想使用"代表(represent)"这个词表达事物介于符号代表观念的关系。注意不要误解,观念并不代表事物,而事物代表观念。所谓代表,譬如在社会性的情景里是与指使他人正相反的行为,意味着自动成为他人、为他人叙述。回想起来,科学世界中,事物会自动显露,并仍保持着暧昧,通过其分节性来阐述观念。以扩展比喻来说,事物代替观念,阐述观念这种他人的语言,多少会变得暧昧也是理所当然的。圣像比佛像的观念更具多义性且暧昧，是因为圣像代表着超越者的观念。这样说应该能明白了吧。

不用说，在使用“代表”这一词时，笔者想到其英译“represent”有再现的意义，与文学和美术领域中的观念的表达是同义词。顺便附带提一下，从再现中去除了“再(re)”的“表现(present)”一词，在英语的上下文中的并非他意，就是观念、表象的意思。写实性文学作品是 representational，观念性地难以理解的作品称为 presentational 的事例，在英语的评论中经常出现。仿照这种说法，对科学来说，自然毫无疑问是观念的表现，由于过于写实，也许可说几乎是事物本身。曾有著名的美术研究家赞美奈良药师寺的三重塔为“冻结的音乐”。如借用这种表达，可毫不犹豫地将科学称之谓“冻结的自然”吧。

“真实”到底是什么？

大凡要讨论认识问题，无法避免的就是其正误和真伪的问题。而这是一个极难的问题，概观自有认识论来的历史就能明白：关于真正正确的认识存在着极深刻的不同理论的对立。自古以来，人们进行各种认识，持有各种各样的认识论，时至今日不仅未探索到可称为唯一不变之真实的知识，而且关于为到达目的而采用的方法也未找到一致的答案。

问题是自近代科学诞生以来，进入了与迄今为止的问题无法比较的新的困难阶段。如前文中详细阐述的，科学与古典的自然哲学不同，选择了从纯粹的现象出发编织出认识的方法。古代人和中世人的认识是从观念性的直观出发，以整个世界的统一性形成原理来说明现象的，与此相反，科学从随时随地的现象出发按顺序来说明世界。

当然,这种情况下的现象是纯粹地表现出来的东西,因为是问“存在或不存在”之前的格式塔图像,谁都不能怀疑这种显现本身。无论是错觉还是幻想,或是诸如“圆的三角”一类不合理的观念,至少作为认识的素材,其现象是有效的。问题产生于其实际存在性,即此现象被问到是存在与否之时,换言之,当被问及一个观念是否由事物代表之时。

但这是个极为困难的问题,古希腊的巴门尼德、柏拉图很早就开始热衷于尝试“真知(epistēmē)”的探究,但其内容在哲学家之间实际是存在着差异的。因出现了有多个“真知”的自相矛盾,这种探究的意义很早就遭到怀疑,而由于近代科学的诞生,问题的困难更加显著。科学不仅从头开始否定了传统的“真知”,而且一个接一个地不断颠覆了科学内部的认识、科学性的真实存在的认识,让世人瞠目。

进入 20 世纪,卡尔·波普从正面着手这一难题,企图一举从根本上解决。波普一开始就改变了对问题的态度,提出科学性认识并非以“真知”为目标,不过是自古以来一直被否定的“信念(doxa)”[①]而已(《推测和反驳——科学性知识的发展》[K. R. Popper, *Conjectures and Refutations: The Growth of Scientific Knowledge*]第 20 章)。当然,他的本意在于不仅是科学,任何认识都无法达到“真知”。

波普在详细研究近代哲学的经验论和观念论的基础上,明确断言:经验论所说的感性与观念论所说的理性,最终都不能成为支

① doxa 一词原文中日语为“思い込み”,可译为“自以为是”、“一厢情愿”、“固执己见”等,文中与“真知”对应译为“信念”,后文中亦有“常识”等的含义。——译者注

撑真实的根据。在此基础上，他提出，所有的判断不过是推测，而推测或依据逻辑演绎，或依据观察、实验的归纳，无论怎样做，只要不受到正确的反驳，就可说是真实的。其中最重要的是，问题的推测从一开始就以可反证的形式来提示。

所谓可反证并非是独断专行，也不是宗教信仰或意识形态上的偏见。如果加上笔者的观点，无论是巴门尼德的“非存在不存在”的说法，还是“飞矢不动”的芝诺的悖理，都受铁壁铜墙似的形式逻辑保护处于不可反证的命题之内。对此，科学的推论说到底只是随时随地的现象设下的命题，既然世界广阔、人的智慧有限，必须可反证是理所当然的要求。

波普的这一要求，能从关于牛顿的有名传说中予以说明。据说，牛顿看见苹果掉下来而发现了万有引力，到底他一生中见过几次东西掉下来呢？假设看到一万亿次的掉落，从纯理论上来说，也不能保证下一次的掉落。从这个意义上来说，以万物掉落为前提的牛顿理论是可反证的命题。

但这里确凿存在这样的现实：这个世界上没有人看到过飘浮在空中不落下来的苹果这一事实，换言之，很长一段时间内无人能反证万有引力说。不仅如此，回顾历史，在爱因斯坦从完全不同的观点作出反证之前，这个学说出现了无数有力的追随者，且已形成以此为基础的学科体系。牛顿物理学决非古典性的“真知(epistēmē)”，而是以那个“doxa”的状态作为有充分的科学性真实而通用至今的。

知识共同体的协议

从现实的科学研究现场来看，波普的这一观点早已以反过来的形式被接受了，所有的推测无需与敌对者的反证作斗争，只要有正当的旁证就可认为是真实的了。对于假设可用实验，对观察、实验可重新实验，结论被相应的研究者群体所共有便产生真实。而旁证的次数也没有普遍的规定，根据每个专业领域的隐性规则决定必要的次数。总之，现代科学，重视专业研究者的相互承认、知识共享，认为如能成功地实现这样的方式则真实就会产生。

特别关注这一点，基于此确立了独创的科学哲学的，就是前文多次提及的托马斯·库恩。他在科学史中发现了几个革命时期，将主导这样一个时期的大研究称为范式，这一学说举世闻名，但其实这一点可说只是次要的功绩。更为深刻的是，他指出科学家共同体的作用，并提出了支持科学革命成果的是这个共同体的观点(《科学革命的结构》)。

这个共同体含义不是仅限于特定研究集团、特定学派的，而是更广泛地认可一个研究成果，拥有那个研究提示的视点的研究人员联合体。它又与外行的思想集团不同，必须是同时拥有称谓“学科基质(disciplinary matrix)”，接受过科学基本思维训练的人的共同体。

在此基础上，这样一群研究者共同追随的学说称为范式，而信奉同一范式的研究者组成共同体，形成了一个循环。库恩认为，范式在科学史上，每个专业间隔相应的时间发生转换，在那个中间期，研究者在同一世界观之下，从事渐进性的所谓“普通科学”。

单从这点上来看就很明显：波普与库恩在最重要的方面是一致的，那就是确信科学上不存在绝对的“真知”。两位科学家都承认科学性认识具有历史性的局限性，相信无论怎么有道理的真实总会被反驳，或被新的范式所替代。

不过，现实中的两人却是存在着对立的，库恩在自己著作中指名批判波普，而波普的支持者则提出怀疑：范式本身是否存在？但这种对立，只限于如何评价特定的研究成果的大小，在笔者看来只是涉及一些末梢问题而已。与此相比，还是前文提到的一点显示了两人隐性的一致，在哲学上拥有十分深远的意义。这是笔者对两人的综合性印象。原本为使波普提出的反驳真实有效，需要拥有承认这种反驳的研究者共同体，甚至可说库恩完善了波普。

明智的读者应已预料到，笔者受两人科学性“真实”的定义的启发，希望将其引入哲学中。哲学从宗教那里独立出来，并且要避免意识形态的盲目信仰，无论怎么想也无法找到保证绝对不变的“真知”的根源。能相信的只有遵循知识规范的共同体及那样的共同体共有的历史性“信念”。除此之外别无他物。回顾哲学史，这是一个明显的事实，反过来说，正因为如此，才能写出哲学的“历史”来。

“信念”被“信念”反驳，有时这种反驳强大到可称作范式转换。无论哪个时代，都有被称为哲学家、智者或神学家的专家，他们的共同体判定“信念”与反驳的胜败。其中也有像学园、学派那样的体制性集团，但多数是相信一个范式的看不见的共同体。

当然，他们确信“真知”的存在，但这不过是一种带有期望的推论：既然世上有如此之多的“信念”存在，应该也存在着超越那些“信念”的真知。如果“真知”在现实中被窥见，它的显现就是一种“信念”被反驳的瞬间，如同一闪之光掠过的预感。也许可说苏格拉底那永无止境的问答是尽享了那种预感的方法。

第六章
节奏与“我”

“我”的封闭性、同一性与直接性

古今内外的人们理所当然地挂在嘴边，对其存在坚信不疑的一种现象，就是把自身称为“我”[①]。但细想起来，在所有现象中，没有比这种表达更不可思议的了。“我”的存在感，整体来说有着压倒性的沉重感，看上去任何人都不具有对它表示怀疑的勇气、力量和道理。然而，我们观察一下支撑着这种存在感的主要因素，无论哪一个，都不具备让“我”成其为“我”的力量。

首先，“我”作为个体物的一种，特别鲜明地与外界区分开来，给人一种被外皮包裹的封闭体的印象。本书中也经常不自觉地在议论此类话题，如何表达我的内部与外界，在常识上已完全形成了习惯。我总是害怕被外界侵袭，我的内部感觉显得特别的敏锐，一旦受到侵害，疼痛和饥饿等征兆就会表现出来。其次，人们都以一种异常僵硬地维护自我同一性的方式，来表现“我”能感觉到的各种各样的现象。毋庸赘言，昨天、今天、明天都是我，即使死后，也

---

① 本章出现的“我”在行文中绝大多数用作现代哲学意义上的概念，很少用作特指的第一人称。以下行文中按原著的标识（也为了译文表述简明），有的用加引号的我，有的用不加引号的我。——译者注

是我。人们都在积极地这样做，而另一方面，社会也要求人们担负起为此作出努力的责任。

贯穿我的节奏比任何其他节奏都似乎更直接地、不间断地、难以逃避地动摇着我的心灵。每天活着的我真实地感受到欲望与满足、睡眠与觉醒、兴奋与沉静等节奏；也同时感受到，这些身心活动的节奏背后，是消化、呼吸、心跳、血液循环等生理节奏支配着的我。还有，“我”也能意识到贯穿整个人生的节奏，芳华时节会接触到青春的征兆而感到怦然心动，暮岁来临也会因触及老去的征候而感慨万千。

这种伴随着我的内部节奏的感触非常独特，与外界的任何节奏相比，其切身与真实的程度有着本质性的差异。譬如饥饿与饱腹的循环存在于我的内部，由此，与四季的迁移、昼夜的轮回，或理想的艺术作品所奏出的高雅节奏相比，其切身感与紧迫感的程度似乎更加强烈。客观地思考一下，作为生命体的我的个体要生存下去，我以外的自然的节奏与内在的节奏，应是同等的、不可或缺的，但从感觉方式的直接性上来说，内外却是隔绝的。

现实中的“我”这样的现象的独特感触，即真实感的强度，被长期广泛地关注、认识，由此甚至产生了近代哲学的重要观念。这样的认识被浓缩为“自我”、“主观”等艰深的哲学术语，在某些哲学流派中，甚至被当作解释世界本质的基本观念。在文学方面，自我也成了近代的最大的主题，例如，成为了贯穿司汤达(Stendal)这样的作家整个人生的世界观的主轴。同时，被哲学定名为自我、主观的我是一种极度僵硬的存在，被看作与客观世界对峙而岿然不动的存在。正因为如此，这样的观念可以看成为支撑世界整体的坚韧基石。如此广泛而强烈地被认识的我的存在，究竟是从何处、如何获得那样一种破例的资格和特权性的地位的呢？

毋庸赘言，将我的内部感觉的直接性，解释成因为存在于内侧而具有直接性，很明显不过是同义反复而已。一般来说，要讨论我的内侧、外界的问题，总要以“我”的存在为前提，但本章将质疑这里的更本质的问题：我是什么样的存在？我真实存在吗？

实际上，即使仔细检查了我的身体所感受到的东西，也很难分辨出那是身体内部的现象还是外在的现象。譬如不是光和声音本身，而是人感受到的耀眼和喧闹，皮肤感受到的炎热和寒冷、坚硬和柔软等到底是内在或外在的哪一侧的现象呢？这样说来，即使是像饥饿、疼痛等内脏器官的感觉，何种程度是我的内部状态，何种程度是侵袭我的外部作用呢？

在这个阶段上，我的身体表达的是对刺激的反射性反应。这时，还没有发生对这一系列的感受的判断和评价等能动的“我”所能进行的活动。即使认为那样的活动是随着时间的经过而发生的，要划出这一瞬间的明确界限，确定“感觉的我”转变为“思考的我”的瞬间还是很难的。无论是耀眼还是炎热，在感觉到它的阶段，人们已经作出了某种价值判断。对于避开此类刺激的行为，若详细观察，要区分纯粹的反射性反应和加上若干认知加工的避开行为并不容易。

顺便提一下，关于笔者称为“能感受到的东西”“现象”或“显现”的东西，可联系前章讨论自然科学时所论述的内容。面对“现象”的科学家返回到“我”以前的状态，对他来说“能感受到的东西”是超越了主观、客观区别的东西。他不问有无的问题，专心致志于履行学科的手续，使现象的结构明晰，与其他现象的关联紧密。换句话说，科学提示能够反证的现象记录，虽然现实中还未得到反证，只要在同时代范式的主导下被认可，就可将此作为真实而接受下来。

本书写作时，在思考“我”的问题之际，笔者积极地模仿了这种科学的方法，考虑以现象的显现、“能感受到的东西”为线索来推进思考。正如在总结前章整体时所阐述的，这样做是因为笔者相信这是现代哲学应向科学学习的方法。

共鸣与“我”

话说到这里，所有的说法必须全部颠倒过来。作为论述者，必须排除所谓“空腹与饱腹的交替是内在的，因而能切实地感受到；而昼夜的循环是外在的，因而并没有多么重要”等世间流行的常识性表达。这样的表达应改为“前者可以直接感受到，因此在我的内部；后者只能间接感受到，因此在外部”。但更让人困扰的是，无论是感觉的直接性或间接性、还是感觉方式的切实程度等，说到底只是程度上的差异而已，要讨论这样的问题，就必须进行比较。即这个问题是：我的存在的感触再怎么鲜明，应该是与其他某个对象比较后，才能得出是否特别鲜明。

但如果要进行比较的话，一般被比较的东西在性质上互相有共性，且毋庸赘言，相互的距离越近越好。性质完全不同的东西，譬如把重的东西与长的东西比较，是没有意义的；互相间隔过远的东西，譬如比较“月亮和甲鱼”，能获得的知识和价值的收获也是很少的。如果想将“我”的存在感的切实性与某个对象进行比较，那么，对方就必须带有并表现出相当程度近距离的切实感，并且必须是能表现出有明确差异的现象，但要找出这种微妙的现象却出乎意料地十分困难。

遍寻万物后终于想到的只有一个：与我的饥饿和疼痛同样，作为“感觉”显露出来，且也带有类似的鲜明感觉的东西就是“共鸣”

了。但这种“共鸣”,并不是一般所说的同情或友爱,而是更接近于真切且直接的感受,类似心理学所说的“移情(empathy, Einfühlung)”那样的东西。比如看到有人不小心手指被刀割伤时,在旁边的我,背上会不由自主地掠过一股寒气,类似这样的感觉。那种像寒战那样的神经电击与我自身的疼痛相似,不依靠理性的判断和复杂的想象力,几乎反射性地直击我的身体。尽管如此,这里重要的一点是,共鸣产生的痛苦终究还是与我自身的痛苦不同,一般并不伴随着扭曲身体、咬紧牙关那样的激烈的身体反应。

以下是一个颇为有趣的旁证。据之前提到的池谷裕二的《单纯的脑,复杂的“我”》一书的阐述,共鸣也成为了脑科学的研究对象,共鸣产生的疼痛与实际的疼痛一样,在脑内是同样的神经路线发出的感觉。大脑的痛觉系的回路可以说是通过“搭便车”的方式来感受疼痛的共鸣的,这里以科学现象的方式显现了两种痛苦的近似性。同时“搭便车”的说法绝妙之处在于,这种说法在暗示:大脑痛觉系本来的任务是实际感受疼痛;而共鸣的疼痛是次要的,是顺便被感受到的。

总之,“我”的实际感觉与共鸣,两者正是恰到好处的比较对象,两者都直接在身体上发生,同时在某些方面互相间却有明确的差异。首先,无论是痛苦还是快乐,实际感觉总是比共鸣更加鲜明、强烈,在真切程度上也显示出了很大的差异。而且实际感觉,对我来说是纯粹被动的感觉,在成为原因的刺激持续的过程中,不会随便消失。相对地,共鸣一半带有观念性的性质,别人再怎么样,我把眼睛闭上,耳朵塞起来,或将注意力转移到其他方面,可以在相当程度上抹去、减轻那样的感觉。并且,这个微妙的程度差告诉我,别人与我之间的区别,让我感觉到相对于别人的我的封闭性,我存在的轮廓。

另一个重要的差异在于，相对于实际感觉是身体天生的功能，共鸣是通过经验的积累培养出来的后天性能力。共鸣的能力是与人一起成长的能力，很多情况下，是受到社会文化影响而培育起来的感受性。之前提到过，婴幼儿时期，处于黎明期的我仅由实际感觉来支配，无论饥饿还是痛苦，唯有通过哭泣来申述我的要求。这种哭声会让母亲伤神、痛苦，以致妨碍睡眠，而幼儿能对母亲的痛苦产生共鸣，一般需要花很长的时间才能养成。

不久到了回应母亲的笑脸、跟随母亲一起流泪的年纪时，幼儿开始感觉到妈妈不是自己的一部分，妈妈是另一个人。进而，成长起来进入儿童社会的学龄前或学龄儿童，虽然已经能充分感知别人的存在，但共鸣能力仍处于发展、完善的过程中。以下说法虽然仅是一种推测也应有真实部分。儿童社会里容易出现十分露骨、无情的“欺凌”行为，很可能是儿童的共鸣能力不成熟造成的。亚当·斯密(Adam Smith)在《道德情操论》中提到：反而是到了共鸣能力相当成熟的成人期，这种能力会教会我社会性的谨慎，甚至会成为道德性态度的基础。激情迸发的我能感觉到别人是怎么感受自己的，依靠与那种批判性目光的共鸣来抑制自己。

然而，另一方面不得不承认，基于这样的实际感受与共鸣的自他区别而感知到的我的封闭性，比常识所认知的要薄弱得多。首先，身体直接接受的实际感觉，在刺激还很微弱之际是无法感受到“我的身体”的。只要耀眼的闪光或地动的轰鸣未达到识阈，就仅能作为外界现象接受，而不是身体的实际感觉。而另一方面，当刺激达到了识阈的顶点，动摇了身体的根基的话，“我的身体”就会一下子融解了其轮廓。就像谚语所说的“极则无我”，无论痛苦还是快乐，达到了极端，反而会达到“忘我”的境地。让“我的身体”有一个外廓而使“我”得以成立的实际感觉，因识阈幅度极其狭窄，只能在有限的范围内不稳定地摆动。

另外,通过让我与他人对峙,使我有一个外廓,而这样产生的共鸣常常会威胁到我的自立。理由在于,共鸣所涉及的范围在空间上狭小,在社会上影响力上薄弱。人看到自己眼前的朋友切开小手指,会感到不寒而栗,但听到在地球的背面有数百人被屠杀的消息,只能感觉到一种观念上的同情。共鸣主要产生在家庭成员、朋友等人群里,或产生于近邻、村落等身边的共同体中,结果使我归属于这样的小集体,成为其中的一员。反之,在普遍性的世界里,“我”是很难成立的;不仅如此,近代以前的历史表明:在小集体中,与自立相比,更多是选择融合和妥协。

更进一步,把所有这一切加在一起,来讨论我的轮廓、我的存在的同一性时,现实中最大的困难是,我在空间上的身体本身并不具备不变的轮廓。当然,从生理、物理的意义上来说,人的身体具备着与其他划清界限的大致轮廓。头发、指甲的一部分、皮肤的角质是否属于身体内部值得怀疑,这里不讨论这样的情况。将被皮肤完全包裹的整体称为身体是一般的常识。但如果说“这是我的身体”,其轮廓只能通过实际感觉的直接性来认定,具有讽刺意味的是,问题突然变得很复杂了。譬如由于手术而丢失了内脏的一部分的身体,生理性受到侵袭,物理性也缩小了,不过,在术后的痛苦过去之后,我实际感觉到了那种丧失感吗?相反地,对于穿惯了衣服的身体来说,外围不是皮肤而是衣服,露出全裸了的生理性身体的我,会感到自己的一部分被剥夺了。仅把实际感觉的直接性作为指标,人们都会感觉到我的身体的外廓比生理性身体的外围要大。如果眼睛被人盯视,或鼻尖被拳头顶住,我的身体一般都会感到受到了攻击。

这样看来,很明显,我的内部感觉的直接性反而会阻碍封闭我的轮廓,更不能成为占据世界中心位置的我的特权、保证自我及主观的资格的根据。事实上,常识也略微察觉到了这一点,暗地里在考虑“我”应该有完全不同的另一种权能,可以给我加上可认为是固有的第二、第三种性质。这样的方式用来说明“我”这个单一的存在,听起来十分奇怪,不过,常识为了确保其独立性,也许是动员了所有的异质的特性。毋庸赘言,被赋予的权能的首当其冲的一项是我的意志、一切事情的开端的我的自由意志。

“我”的自由意志

常识中所说的“我”的自由意志是行动的最初的原因,意味着支配我的身体,通过身体,发起作用于外界的行动的力量。当然,常识是了解巨大的外界抵抗力量的,因此所谓意志就是支配我的身体本身,排除身体的抵抗,并对其自由操纵的力量。但从上述这点开始,其发展似乎是反向的,自由意志屡屡与不羁奔放的行动截然相反,被视为自我抑制性、道德性行动的原动力。

哲学也继承了上述的常识,例如,康德的自由意志定义为作为抑制人的自然“倾向(Neigung)”,即生理的、社会的欲望,并与其作斗争的力量。回顾以往的观点,正是对意志的这种解释,为确保“我”的特权性、确保“我”的权威和尊严作出了很大贡献。不言而喻,当人们在浮想不受任何事物的支配、也不起因于此前的任何事物、纯粹主动作用的力量时,定会联想到传统的神的意志吧。

但稍微思考一下就能明白,这种自由意志论潜伏着致命的缺陷。因为神的意志也许是恒久不变的,但人的意志是随时随地萌生的,只要承认这一点,就必须寻找在特定的时间和场所使之萌生的另外的力量。假设我下定决心践行一次完全自由的旅行,我也不是随心所欲地选择了那个决心去的地点和时间的。即使那个决心定下来的时间和地点是自由选择的，接下来要被追问的是那个最先下定决心所选择的时间和地点是不是自由的，这样就只能不断地追溯自由意志最初发动的时间了。

如果意识到这一点并进一步反省的话，就会注意到原本旅行这件事本身并非是我有意识地从多个且有限个选项中选择的。这里存在着一种悖论：如果我从多个且有限个选项中选择了旅行，我必须立刻寻找选择那些选项的整体的意志；如果选项是无限的，我就无法比较所有选项，因而就不能选择，这样只好假定限定这个选项的意志的存在。而且，这个意志从一开始就悄悄地把旅行作为一个选项加入进来了，因此让我真正下定了旅行的决心的，是我所不知道的这种神秘的意志。

坦率的实际感觉也发觉了这些情况。在作出大体的决心的时候，我注意到了不知为何下了那个决心的情况，想到了是被什么东西引导而下了那个决心的。盲目相信自由意志的常识，大半也承认了这一点，常常在决心行动时使用“有意出手”这样的表达。“有意出手”的表达可能意味着心情不错，可能是不明缘由的身体状态不错，或可能是已养成了这样的习惯，这里甚至连所谓神秘的另一个意志的假定都不需要。

特别说到意志与身体的关系，设想意志积极地支配身体，甚至身体的细微部分都由意志操控，即所谓的自由行动，其实是不可能实现的。前面已经议论过，乍看似乎意志对身体有否定性的支配力，以禁欲的形式来限制身体行动的自由。但从细节来看，禁欲大多是基于宗教、文化性的社会习惯，先于我的意志，由习惯规则的力量强制的。实际上，就连将自由意志安置在道德基础上的康德，只要看他举出的作为具体道德条目的规则限制，就可以知道这一切都是18世纪基督教社会的习惯。

假设一个极端的例子，如果存在着要抹杀身体那样的自由意志，那只有自杀的意志吧。不过，这也不能认为拥有直接违背身体要求的自由。现实中，各种各样的社会、生理的苦难使身体的力量衰弱，失去生存的欲望而最终自杀的，这样看才是比较正确的。而且自杀是消灭所有意志的行为，这毋宁说是放弃了意志支配身体的企图。

也就是说，如前面反复阐述的那样，意志绝无可能积极地、肯定地支配日常的所有行动。因为在随时随地发生的“有意出手”之前，除了身体本身以外是无法考虑的。饥饿感增强的话，就会“有食欲”；闷闷不乐之时就会有“想出去旅行的心情”，康德所说的各种自然的“倾向”促使我行动起来，再加上与身俱在的习惯和技能也在引诱我。上述这些要素，在我意识到之前就在让身体工作。几乎所有的日常行为，我都无需有意识地去完成，如果有进步了的技能，我会被唆使，产生使用这样的技能来工作的“心情”。

欲望、意欲、意志的“惊鹿”结构

语言是很方便的东西，日本人也许要对日语中偶尔有“意欲”[①]一词的用法感到欣慰。这个词由“意”和“欲”两个汉字组成，意为在意志与欲望之间，而这样的组词为思考提供了不少方便。实际的道德用语中，“意欲”一词据于中立的位置，它让人感到欲望的放纵与意志的严肃间明显的差异。

---

① “意欲”一词日语中意为“意志”、“热情”、“积极性”，积极地做某事的愿望、热情、意志。汉语中虽有这一词汇，用法与使用频率与日语比较很不相同。译文以原文解释的“意志与欲望之间”的含义，用作名词。——译者注

将“意欲”一词夹在后面的一连串的词汇中，可以看出从“欲望”到“意欲”，从“意欲”到“意志”的转移是一连串连续、渐进的变化。依据前几章中论述的内容，那是现象的相(侧面)逐渐减少的过程，也可以说是从事物向观念转移的抽象的过程。首先，对“欲望”解释会有“漠然的倦怠”“指向非日常的祈愿”，甚至是“对未知的憧憬”等说法，一看就觉得是散漫多义的情绪在萌动。这种“欲望”接下来会提升为“意欲”，之前发生的情绪集中到了行动上，指向了“想要出去旅行”的限定方向。如果进一步强化集约度，就会变成“意志”，就能制定出明确的计划，比如会出现“何时、何地”“以怎样的日程和交通手段进行”等内容。

这个移动的过程又是事物的观念化过程，这一点从人与“欲望”“意欲”“意志”的各种不同的关联方式中就能明白。人的身体被事物深深地“卷入”，而与观念保持着相对较远的距离，不过毋庸赘言，“欲望”就是人被卷入的那种东西的代名词。转移到“意欲”后，这个距离处于中间位置，人虽然被卷入但还是持有一定的自制余地的。人“被意欲驱使”，但另一方面，亦能沉着地“意欲”，那其中有着“欲望”中没有的能动性的萌芽。而高度强化这种能动性，就会产生“意志”。至此，人似乎很明显已没有被卷入的余地了。意志表现为人坚持某事还是放弃某事。常识上，被兴奋所驱使而做出的某些决定，反而会被称作为意志薄弱。

换言之，对于人来说，意志通常是表现为既定的、岿然不动的、有确定计划的现象，之前提到过，其中的过往性是观念的重要特色。的确意志作为行动计划，矗立在行动之前。从结果上看，意志容易变得僵硬，容易教条化，这也是观念容易陷入其中的通病。之前曾论及观念是被注入了节奏流动的节拍，如果把节拍从流动中分离使之独立，当然只要返回图式即可以了。不过，社会惯例利用了意志的这种僵硬性,传播了法律上的遗志、遗产的观念。

由此可见,“欲望”“意欲”“意志”的转移关系,其实可按其原样,塑造一组节奏性运动,甚至可呈现十分完整的“惊鹿”结构。由于“欲望”的被动性增强了其强度,这一力量充满了称作“意欲”的戽斗,到达某种限度“惊鹿”跳起,被动性反转为能动性。起到了“惊鹿”作用的,关键是“意欲”。“意志”则应比喻为它所引起的声响,以及从戽斗中跳出的水本身。力量的积累慢慢地开始,达到一定的阈值后一下子变成能看见的东西,爆发性地发散,这样的过程体现了典型的“序破急”的结构。

工作的成功和失败与“我”的感觉

这样的从欲望到意志的连续性变化没有什么可以怀疑的,但尽管如此,迄今为止,身心二元论的解释占据主流,往往认为意志支配着身体,为何会是这样的呢?

这里应想到的是“做的身体”在其自身中有相反的两面性,而事实上这两种特性通常是相克的。“做的身体”一方面充满着生命力,洋溢着以运动为目标的跃动的气势,但另一方面有着与生俱来的“沉重”“懒散”“笨拙”“动作迟缓”等特性。尤其是这样的身体在外界的诸条件下工作时,加上工具和素材的重量,沉重的身体的活动显得更加迟钝。以往的观察者(笔者也曾做过这样的观察)看到这种现象,认为使用工具和素材的身体显示了对意志的抵抗,时而会修正意志以产生工作的成果。

但这样去思考,当然是以自由意志的优越性为前提的,严格来说,“做的身体”所抵抗的对象就是身体本身。沉重笨拙的身体抵抗着踊跃振奋的身体，如果用物理性的比喻来说明，可以说那就像叶尖的水滴要落下还未落下，内部的水分子的电磁力抵抗着重力的状态。如果改变一下解说的方法，用第三章里的方法来论述，可以说身体载在作为媒体的生理性肉体上，这种抵抗可看作是肉体对身体的不服从。与所有的媒体一样，肉体作为媒体的同时，也以抵抗体的方式作用，不断地阻挡身体行动的流动性。

不过，“做的身体”的内部矛盾也会以身体的“感觉”显露出来，这一点上与疼痛、空腹感等其他身体性实际感觉是同样的，唯一不同的是，它常常伴随着成功和失败的感觉。当然，人的行为的范围很广，从玩耍中弯曲胳膊肘一类的单纯性运动，到睡觉、吃饭等日常反复的行动，虽然都包含在“做”的内容中，但这类“做”是既没有成功也没有失败的。而其中大多被称为工作的活动，诸如“烧制陶器”“发明”“签订合同”之类，即便是一些很小的事，也会蕴含着难以预测的冒险因素。那些工作不单是依靠技能就能确凿完成的活动，还是由无法预测的偶然性所左右的活动，总之，是站在成功或失败的十字路口的一种谋划。

关于成功的说法，这里顺便介绍一下奥斯卡·贝克尔[①]的《论美的无常与艺术家的冒险性》一书，贝克尔特别着眼于艺术家的工作，强调了成功这一要素是具有决定性意义的。相对于通常的行为是依据实际存在的“谋划(Entwurf)”被执行的；艺术家的创作是由超越了谋划的幸运的力量，贝克尔所说的“‘运’之力(Getragenheit)”的帮助而得以成功的。这一构想是修正了海德格尔流派的存在主义哲学，进而批判了康德以来传统的自由意志万能论而获得的划时

① 奥斯卡·贝克尔(Oskar Becker, 1889—1964)德国现象学哲学家、逻辑学家、数学家。1919年在弗莱堡大学师从胡塞尔，后成为胡塞尔的助手，1931年任波恩大学教授。著有《数学实存——数学现象的逻辑学和存在学研究》《模态逻辑论》等。——译者注

代的哲学成就。对于被当作“被抛的谋划(geworfener Entwurf)”[①]的存在,贝克尔暗地里戒掉了其傲慢的孤绝和自尊。但非常令人遗憾的是,由于他把成功的必要性仅限于艺术家的工作,这样的修正与批判的尝试有点半途而废了。

实际上,无论怎么读这篇论文,贝克尔自己并没有论证只有艺术需要成功,但他把这一论题作为艺术论来撰写,缩小了讨论的射程。事实上,观察被艺术家广泛认可的直觉这一能力,可以发现它不仅仅是技能,而且是作为超越技能而被恩赐的能力,而这不仅对艺术家,对工匠、学者、企业家来说,也同样被认为是必需的。

由此可见,成功是所有工作中不可或缺的。下面的说法可说尽悖论之极:实际上这一点意外地与我的意志的实际感觉密切相关。首先第一,当人在行动中感觉这是件意志性的工作时,那就不是睡觉、吃饭等等的事,而是指需要成功的重大经营。大体上,对于仅靠技巧就能完成的日常行动,人们很少会觉得这是需要意志的。但需要反过来说明以下的事实:工作仅靠意志的力量是没有把握的,正是感觉到需要幸运帮助成功的工作,才是人们需要以坚定的意志去实施的。

第二、应注意的是,意志性的工作必然是成功结束或失败结束,不管结果如何,都会在不同的意义上在我的意志上留下强烈的感觉。在成功中结束时,人们当然会体会到喜悦,但喜悦中含有自己是被选择的幸运儿的心情。即使不能达到宗教性的奉献意识,心情也会在得到幸运的恩惠、被人幸运地当作伙伴,与其他人不同的微微的优越感中荡漾。于是,这样的状况立刻被翻译成我的意

① 此译法出自:海德格尔《关于人道主义的书信(1946)》,载于《海德格尔选集(上)》上海三联书店. 1996 年版,第 380,381 页。——译者注

志的胜利的通俗说法流传于世间。因为人们意识到：成功的不是别人正是我，冒着失败的危险尝试的正是我的意志。

相反地，如果工作以失败告终，剩下的就是字面所表示的"可惜""遗憾"，与自我感觉到我的局限性一起的，还有想要克服失败的反抗的意志。失败会招来孤立，伴随着后悔和屈辱感，这是在看不见的世间将"我"暴露了出来。与此同时，我开始有了自尊的感觉，决心找回失去的东西，让新的我屹立在世人面前。

因为现实的行动常常是仅为一次的谋划经营，所以失败也是仅为一次的失败，如果反复进行同样的尝试，也许不久就会成功的。当初的热情就这样存活下来，向着同样的行动继续推动身体工作，其力量变成了"留下的念头""留下的遗憾"的感觉堆积起来。在这里，行动失去了大部分的事实性，带有接近纯粹观念的姿态在身体上显现出来，或许这就是意志这种东西的最典型的表现方式。

当然，这种意志并非完全是纯粹的观念，而是将失败后的我以感觉上的"卷入"来保留事物的特性。事实上，失败的我被屈辱所裹挟，正因为如此，我才有拥抱孤独的决心，而在其反面，被拥抱的新的意志因失败而接受一种洗礼。不放弃而再次尝试的意志据此化为一种"理念(ideal)"，可以看到意志只在这一部分增强了作为观念(idea)的特性。这在政治性革命的意志、宗教传道的意志等巨大谋划的意志下特别显著，意志往往由于惨痛的挫折才得到永续性的生命。另外，即使是小小的私人性的意志，在遭遇了令人印象深刻的挫折后，家人与朋友也会继承它，尝试着再实现它，这样的例子在人世间也不少。

至此为止，屡次接触到的社会习惯上的意志、法律性地被制度化的意志，如上述这般思考的话，就比较容易明白吧。所有的"我"都将遇见死亡，死亡是人生中不可避免的最大挫折。且是很特殊的挫折，死者无论怎么感到遗憾，不可能第二次重来。当然，死通常是他人的经验，对于生者来说，连共鸣都是不可靠的现象，但死者遗留下的意志可以从通常的挫折经验中推测到。而且很明显，死者已经不再被卷入任何事情中了，可以说死者的意志才是被完美地观念化的意志。长期以来，人类养成了尊重死者意志的习惯，同时也在不知不觉中学习到了纯粹意志这一观念。

写到这里再次想到的是“我”的感觉由来在原理上的复杂性。首先，本章开头所考察的身体内部的感觉，也并不能直接保证“我”存在的特权性，而是通过与共鸣比较的略显麻烦的迂回，才使我对于我来说是特别的存在。而这样的“我”，连支配身体和身体外界的权力，也被剥夺了，只因工作的成功与失败这一意外的缘由，才勉强维护了其光荣的独立和孤独。“我”的两个缘由其根据完全不同，只是简单地将两者重叠，总觉得不过是被合成为接近常识所说的“我”的观念而已。虽然这样的考察十分烦琐让人疲倦，却再次让人痛切地感受到的是常识所说的“我”虽说有点随便，却是很方便的观念。反之，正因为有了常识的观念，才使得许多难题被封存起来，像从来就没有过的那样。

“我”之观念的历史性束缚

在哲学史里，“我”的概念常常被称为“心(精神)”，在一元论的二元对立图式下，硬把它与身体对立起来。进而，它还时常被冠名为“意识”，同样也是将它与包括身体在内的外部世界整体对立起来。仔细检查一下“心”或“意识”这样的概念的内涵，与常识所说的“我”完全相同，但尽管其涵义暧昧多义，也正因为这样的特点，作为便于把问题掩盖起来的观念使用得非常广泛。柏格森也好，胡塞尔也好，甚至那位将身体作为哲学主题的梅洛-庞蒂，虽然各人表达的意思内容上互不相同，但他们也无法逃脱“意识”这种观念的束缚。

不能逃避这样的束缚是理所当然的。科学意义上的意识的发生，其时间非常早。朱利安・杰恩斯(Julian James)的理论作了各种理论中最晚的一种设想，但他也认为意识是与文字一起发生的。笔者在《世界文明史——神话与舞蹈》中介绍过杰恩斯的理论，这里不作详细说明。根据他的《众神的沉默》一书的论述，意识是包括语言区在内的左脑发展出的产物，在此之前的人是通过右脑直接听到众神的声音的。引导行动的不是个人的意识，而是在共同体内回响的众神的声音，直接听声音的是与语言无关的右脑。但生不逢时，文字诞生之时，人类遭到全球规模的天灾袭击，遭遇战争、统治者兴亡等变故，伴随着各处共同体的崩溃，有意识的个人诞生了。

这一问题上最有魅力的假说是杰恩斯的理论，他认为希腊叙事诗的历史反映了这样的断层，在被吟唱的《伊利亚特》与用文字书写的《奥德赛》之间，即公元前 900 年左右发生了这一变革。他详细地比较了这两部作品，发现前者没有表示全身的“身体”一词，也没有“身体”的反义词“心”。而在后者里发现了许多表示内在状态的词汇，出现了“魂(psychē)”和“理性(nous)”等与现代哲学用语相关的概念。做了这番考察后，将脑科学与古典解读联系起来的杰恩斯自信满满地说：意识的历史不过三千年。当然这也反过来证明了，人类已被这种心理学性质的“意识”观念束缚了三千年之久。

而不可忽略的是在此之上发生的近代的巨变。近代，与政治、社会的变革相关联，“我”的意识史无前例地兴盛了起来。虽然由于变化缓慢,不能明确地划出界限,但在这样的社会变革中诞生的是作为广义权利的“我”。相对于杰恩斯所说的心理性意识是时隐时现、摇摆不定的,近代所主张的“我”绝对是既不沉睡也不遮盖的主体。这样的状态也明显地反映在哲学上。粗略描述一下此概念的功用,可以说近代哲学所说的意识是一面始终保持清醒、以大致相同的敏锐度持续观察世界的固定透镜。而代表这一历史性转变的人物,将意识的我与持续存在的我视为同一物的那一位,毋庸赘言,就是笛卡尔。

思考的“我”

“我思故我在(cogito ergo sum)”,笛卡尔的格言如此扬名,概出自其历史性意义而并非其内容。恰如此格言所代表的、近代的新的“我”能作为思想的主体出现,起因于“我”的传统性特权的日益增强。因为思考与一般的行动不同,乍看在常识上不受外界的直接抵抗和影响,容易给人一种内在独立自发地运作的强烈印象。进而,思维的活动在发生之前一般感觉不到欲望、意欲等前期阶段,因为思维看起来像是突然间开始的,容易生成类似“万事自我始”那样的自尊心。

但这样的常识完全是错觉,仅从“我”自身的“内在”体验中窥探一下即可知晓。第一,我对任何事最初都是凭借语言来进行思考的,不过,语言是语法体系、是概念的相互关联,这样,思考自始至终被我以外的规则所支配。假设是对数学或围棋做思考,这里无疑更要遵从语言以外的严密的外在规则。

第二,仔细观察我开始思考的瞬间,此时我会感觉到“想到……”“闪过……”“浮现……”等词汇表达的意外,换言之,明显是一种被动的、身体性的感觉的侵袭。的确,思维活动中并没有欲望、意欲等的前阶段,但作为其结果,思维似乎是在不经意间开始的,这种现象本身,实际上反而暗示了我不是思维的真正创造者。

顺便说一下,之前也曾介绍过这样的情况,关于"想到"某事的契机,有着东西方相同的有趣说法。妙计"灵光闪现"的场所有三种,"厕所上、枕上、鞍上"的"三上",而英语中是"bathroom""bedroom""bus"的"3B"。东西方对应的场所如此相似十分有趣,不过,可以说这也暗示了无论哪个地方人类所拥有的心理状态都是共通的。人保持着对思维的潜在性"警戒(alert)状态",一旦进入思维的被动状态,就会出现"浮现……"等词汇所表达的那种境况。总之,确实与人的其他任何行动一样,思维也不是"我"能有意选择何时、何地而开始的。

顺便提一下,脑科学也证实了这一点,借用池谷带着点玩笑的表达,叫作"睡着、躺着,等着灵光闪现"。事实上,作为一个比较实验的结果,充分的睡眠能增加任何智力活动的效率,并使大脑浮现出好的主意来。当然,由于思维行动极其复杂,能培养出"灵光闪现"的大脑的运动准备区的活动细节并未搞清楚。但仅就作为思维主体的我是否存在着思维的意志的问题,其他的相关研究结果有更为确凿的提示。譬如,脑神经的回路有被称为"摇摆"的现象,自动的不规则的神经振动左右着思考的前阶段。诸如格式塔图形的底和图的自动交替,或把注意力指向某个方向的决定就是由这种"摇摆"作出的。

与其他的行动同样,思维不是意志能决定开始的,且另一个特点是思维与通常的行动不同,不能在开始前设定目的、制定明确的计划。所谓思维的目的,即设定结论,展开思维过程的计划,即是思考自身的行为。思考什么是因为思考之后才明白的,我可以说是赤手空拳,被“灵光闪现”的力量从背后推着,继续着毫无目的地的思维。我不仅没有力量支配思维的开始,也没有力量支配思维的过程,当然只能在无法决定去向的状况下思维。从思维这种行为的性质来看,“我”不可能保持着将一个想法完整地归纳出来的主体性、思维的同一性。

“es”在思考

对于“我”本质上是否存在、是否具有力量的怀疑,一般认为笛卡尔已早有充分的认识。正因为如此,可以说他在那句格言中,尝试着以思维活动为依据来证明“我”的存在,而并没有打算反其道而行。顺便提一下,笛卡尔曾将“我思考(cogito)”改换成“我看见(videor)”来表达,而这个“videor”的原形“video”有“看见”“能看见”两层意思,这点在拉丁语辞典上解释得很清楚。而对此做些逻辑性的推理就可以看出,很明显,笛卡尔是在后者的意义上使用了这个词,将“我能看见什么”、对方显示了什么,看作他要追求的不容置疑的真实。这是因为如果反之,“我看”为最初的存在,已是确凿的真实的话,以“看的我”为依据来证明“我的存在”,那完全是一种循环论证。

笛卡尔被公认为是一元论的二元对立的信奉者,是严格区分内在与外界的思想家。不过,从一些迹象也可以看出,他隐约之间也承认超越身体内外的现象,承认确认有无之前的现象。对他来说,确凿的东西,无论梦或幻影,都是直接浮现在脑海里的“想法”,正因为它们是怀疑或相信之前的现象,所以他就说那是确实的。从这样的意义上来说,如果要更准确地翻译那句“cogito ergo sum”,也许改为“我能思,故我在”比较好。

互盛央的《es 的谱系》是日本西方哲学史领域里非常独特的著作，本章后文还将详细介绍。关于笛卡尔的“思”，互盛央作了与笔者极为相似的解释。他着眼于拉丁语“videor”一词是动词的第一人称形式，其中隐藏着主格代名词词法特点，认为这个词的用法表明“我”与“觉得”之间“没有间隙”。这样，“觉得”是“我”的内部现象还是外在现象的问题，通过这个词的使用就消除了。

互盛央认为，对笛卡尔来说，重要的本来就不是“我在与不在”的问题，而是“觉得我似乎在”。而且，即使“觉得我似乎在”是欺骗，也应该还留下“‘觉得’那不是欺骗吗？”的问题。“觉得”无论怎么被否定，其否定也只不过是“被觉得的事”而已，在无限追溯中可以永远持续下去。

因此，根据互盛央的说法，笛卡尔所到达的认识真理，并不是“对我来说觉得（videor）”，而是取消了人称、无法怀疑的一般性的“觉得（videri）”。如果是这样，就等于在说笛卡尔已经理解了现象学的“现象”，这么一说，让人联想到的是胡塞尔的后期著作《笛卡尔式的沉思》（*Cartesianische Meditationen*）。胡塞尔在此书中，一方面完全否定了笛卡尔的“我在（ergo sum）”的论证，另一方面对“我思（cogito）”基本上是抱着好意接受的。这一现象给笔者留下了深刻的印象。

虽已不需要再强调，但很明显，笛卡尔的“故我在”的逻辑，以“觉得”为依据来证明我之存在的逻辑，没有胡塞尔的批判无法成立。好不容易通过对朴素存在论的质疑，否定了“我在，故我思考”的笛卡尔，尽管直到最后还执着于“我在”本身，想来真是不可思议。如果只是这种程度的问题，不如将“思”“觉得”一类麻烦的话题搁置起来，从本章一开始就在讨论的身体的直接感觉、疼痛、饥饿等真实感觉开始，立刻就能找到证明我的特权性存在的路径。

这使人不由得回首西方近代的时代思潮而感叹不已,无论推崇与神对峙的“我”的社会风潮,还是启蒙主义思想中所贯穿着的重视思维的思想,都深度地研究过笛卡尔那样的思想家。

但如上述这般将思维逆转,认为思考的真正主体不是我,而是将思考当作不知从何而来显现的现象来看待,那么立刻会出现“思考问题的真正主体究竟是谁”的疑问。而互盛央的《es 的谱系》正是从正面研究了这一问题,以追溯这一问题的源流的方式,对西方近代哲学史作了一番重新讨论。说来非常奇妙,阅读此书后发现,西方近代虽然整体上是推崇自我和自由意志的时代,却在其阴影里不断地怀疑作为思维主体的“我”。而将这样的怀疑在众人面前公开披露、给非我的思维主体取名为“es”的是 20 世纪的弗洛伊德(Sigmund Freud)。

当然,近代思想的主流的发展十分迅猛,有的研究囫囵吞枣地对待笛卡尔的“我在”的思想,满足于就此进行的对“我”的一般分析及要素分解研究。在哲学领域里以康德为代表,把认识主体分解为感性、构想力、悟性、理性,甚至把“我”之外被给予的时间和空间也作为感性的形式参加到认识中来。心理学方面深化了意识和行动的分析,“我”的心理活动被客观化为实验的对象。本来,弗洛伊德也顺应了这种近代思想的主流,将“我”的“自我”分解为多个要素,就在这样的过程中,他偶然遇到了“es”的问题。

对弗洛伊德来说,“es”是“自我”的动力源,是本应在“自我”以外的无意识潜入其内部后的一种状态。那是将人引向行动和思考的力量,是使人产生“想做”的心情,使人“想到什么”的心理性原动力。而互盛央特别关注了这个德语的代名词“es”,这个词在弗洛伊德之前,尼采以一种独特的方式使用过,进一步追溯该词的用例,可追踪到维特根斯坦(Ludwig Wittgenstein)、詹姆斯(William

James)、费尔巴哈(Ludwig Feuerbach)、谢林(Fredrich Schelling),最终可追踪到18世纪的利希滕贝格(Georg C. Lichtenberg),是一连串人物的思想中的关键词。

西方语言的第三人称代词有弱化人称性的用法,也有用作并非表示特定主体的主语的用法。恰如英语中的"it"有"It rains"(下雨)、法语中的"it"有"Il y a"(～有)等用法。德语中的"es"同样也有许多被用作无人称主语的例子。"Es gibt"是"～有"的常用表述,"Es redet"不是谁说话,而是"发出说话的声音"的意思。当然,关于"思考",也可以是无人称的"那是思考(Es denkt)",这么说来,这一表达是与笛卡尔的"觉得(videri)"似乎完全一样。作了这样的构思的互盛央,从尼采开始,广泛查阅了前面提到的近代哲学家们的论述,彻底地追踪、探究了"Es denkt"这一用例的历史演变。

"es"的内容是什么?

从互盛央的著作中,笔者了解到了上述令人意外的事实,实际上,众多近代思想家都对作为思维主体的"我"抱有疑问。这似乎是理所当然的,因为凡有着独自认真思考经验的人,都应该有"脑中浮现了一个念头"的持续的经验,也会有节奏性的忽然"灵光闪现"的体验。但在承认了这些经验的基础上,再次面对真正的思维的主体是什么,换言之,"es"的实质性内容是什么的问题时,其答案却是万人万般。弗洛伊德将此视为侵入"自我"内部的无意识;与弗洛伊德对立,争夺"es"概念发现者地位的格罗迪克(Georg Groddeck)等,将es置于比"自我"大得多的存在、略带古风的"神之自然"的位置上。

虽不太可能追踪互盛央的所有博览强记的痕迹,但关于"es"的内容特别引起笔者兴趣的是其中年代比较久远的 19 世纪中叶的费尔巴哈,及给予其影响的 18 世纪末的利希滕贝格。

费尔巴哈在那个时代就已是反对身心二项对立,重视身体在认识上的作用的学者,他在其思想的行文中需要“es”。因为在传统上说到“我”思考时,那个“我”是不拥有身体的纯粹的心(精神),即完全是任意地思考的精神。但费尔巴哈回顾了自己的经验,无法接受这样的设想,他认为不得不承认在思维中有“非任意的东西”在起作用。一方面需要接受超越意志的思维的力量,另一方面,为使身体也能参与思维,暂且把思维的主体无人称化更为方便。

另外,被认为是“es 在思考”的最初倡导者的利希滕贝格,本来是位物理学家。与这样的身份相符,他是一位十分重视科学实验的思想家。利希滕贝格认为,对他来说,真正大的科学发现是在实验中、或在历史性的特别重大事件中,借助偶然的力量才能形成的东西。真实总是宛如偶然一般,在超出预料的其他方面表现出来,正因为如此,思考那个问题的主体只能称为“es”。本书第五章考察了科学与节奏的问题,笔者定义科学为加工自然的显现的活动。这样的定义是在读了上面的内容后,将深合吾意的这种想法做了更新而得出的。

另一方面,互盛央指出,过多讨论“es”的内容也有危险,将其作为实体来把握的过程中有被歪曲了的案例。比如,认为“es”与具体的集体意识、国民文化、民族精神是同一物的做法就是其中一例,其结果与助长了近代思潮的怪胎——国粹主义的社会思潮相关。这样的做法无非是将无人称为其本意的“es”人称化,还原为“我们”与“他们”等人称,纯粹从理论角度来看这也是错误的。但与此相反,完全不去解释和明确“es”的内容也有危险,如果将其作为无法分析、无法定义的神秘的思维主体,那么,最终就会回到传统的

“神”的观念。事实上，格罗迪克的“神的自然”等，可以说就是朝着那个方向迈出了危险的一步的一个例子。

《es的谱系》的作者互盛央严格地遵守了哲学史学家应有的谨慎，虽在讲述“es”的历史，但并未自己去分析其具体内容。在这里，笔者极难代行这样的工作方法以明示其要点，大致可明确的是，作为运用这一方法的条件，有两项应避开的事项，一项是不回避神的观念，另一项是不设定任何可用人称来称呼的现实社会集团。并且，在思考这些问题时，笔者的脑海里马上浮现出的一项原则就是托马斯·库恩为科学史的建构所确立的范式观念，与这样的范式共存的是并不显现的科学家的共同体。

当然，人类思索的历史比科学史的时间更长，其内容的多样性也远远超过科学。显然相当于大写的科学革命的一类变化更加复杂，依研究者、著述者的把握方法的不同而呈现出各种不同的面貌。思维方式的差异在思想史整体中也极其庞杂，因此，即使有思想家的共同体，也难以与科学家共同体那样的清晰的形象联系起来。但尽管如此，笔者仍坚持认为人类的思想史也可能有阶段，这样的历史具有与政治史、经济史的时代划分不同的统一性，而以一个缓慢的完结性为目标。虽然思想家的定义极其暧昧，但毋庸赘言，他们不是武人、商人、政治家，也与巫师、宗教家、职业辩术师相区别，至少有一些的共同的理解被长期地维持了下来。

而在思想史中，认为也存在以时代思潮的形态出现的范式、认为在其内部也存在着相当于“普通科学”的日常思考的想法有大错吗？思想界拥有的广泛共有的方法性工具，有包含对比、类似、因果等关系的形式逻辑、多样的概念和算法、以及在范式内部被公认的方法论等，即使对立的思想家为了争论也共同使用这些工具。思想界存在着上述共有的方法性工具的集合、在范式中展开的纠葛和融合，以及宛如自然现象般展开的思维运动，笔者想试着将这样一类东西称作为“es”。

思考的“es”与故事的“我”

上文用了“宛如自然现象般”的表述，希望读者能接受这一相当的含蓄的比喻。笔者认为，哲学思想界是由以思想史为纵轴、知识共同体为横轴的“思想界”的集合而构成的，其中，应称之为知识理解的现象随时随地自然发生着。一方面大量的个别现象像原子、分子般地浮游着，另一方面包含那些现象的多个范畴性的框架像电磁场一样地等待着，双方互相赋予有意义的解释学循环在各处显现。这种显现无非就是“灵光闪现”，或是“浮现出一个想法”那样的现象。这样的现象还是与“我”无关，而在大凡接受了知识训练的所有身体上，在波兰尼所说的“隐性知识”上均匀地持续降落。

具体来说，这种思想的闪烁常常在各种研究会、知识沙龙的对话现场，在多位知识分子的知识交换中显现出来。在那里，时代共有的无数的知识被动员，不能特定的信息在坐席间飞来飞去或得到了结合。当然，这种思想的闪烁并不一定以当时的结论浮现出来，参加者中的幸运者的思想因此得益此种恩惠，尽管如此，不能怀疑这只是“我”之前的现象。另外，关于先前提到的“三上”“3B”状态下浮现出想法的情况，应注意在那种场合，常识性的“我思考”的努力处于被放弃的状态。在那一瞬间，我自动地开放了自己，倾听意识之下的记忆，在那里沉睡着的时代知识开始觉醒，等待着自动启动的一刻。

之前曾经说过，就算是柏格森纯粹持续的想法，如果说时间不是量的延长，而是质的经验的"感觉"的话，那么，快乐的时间短暂、无聊的时间漫长应是万人皆有的感觉。如果从更高级的维度来看，可以认为，仅就柏格森认为芝诺的悖论是错误的，且在何种意义上是错误的"感觉"而言，是能被很多知识分子分享的。

另外，"闪现"发生在有一定历史性的"知识界"里，而且在未必有影响关系的空间内产生的事实，对理解"闪现"的性质也是有启示的。微积分学的想法大体上同时，但分别在莱布尼茨和牛顿的脑海里闪现的结果，引起了两人间围绕发现的优先权的争执。互盛央介绍，"es"的发现也大体上同时在弗洛伊德和格罗迪克两人脑中出现，因而发生了谁先一步的争论。与此相反，一种学说迅速地传播开来，得到"知识界"同伴们的赞同的情况也很多，这也可以看作为预先相同的"闪现"潜伏在"知识界"，以学说发表为契机，一下子就显现化了。

顺便说一下，需要注意的是"闪现"这一现象的结构，与这个词的感觉性特点相反，实际上其中已叠加了复杂的逻辑。如曾经历过"闪现"的人所理解的那样，很多情况下，尽管与之相遇只是一瞬间，要尝试解释其过程，整个内容的复杂连经验者自身也十分惊讶。其实一个念头可压缩成一行格言，而要展开其内在逻辑，可以写成几百页的书。反之，逻辑这样的思维工具具有可折叠的伸缩性，既可以收在瞬间的灵感中也可以收在一本书中。众所周知，现实中记述一项数学逻辑，如全部用数式记录几页就可以了，但同样的逻辑用语言来解说，则需要数十页。

只有这样来理解才能全面地解释"es 在思维"，才能使用"思维像自然现象那样，先于'我'出现"的表达。"闪现"确实会与身体性的隐性知识接触，这一点表面看来不合逻辑，但就像早已由波兰尼成功地将其语言化了那样，在隐性知识内部叠加着复杂的逻辑结构。只要想想,连骑自行车的技能这种很单纯的隐性知识中也隐藏着“应以与速度除以自行车倾斜角度的平方成比例的半径来转弯”的逻辑性要求。

显而易见,重要的分界线并非在闪现与逻辑之间,而在于内含逻辑的闪现与广泛传播这一信息的说明之间。这样的闪现的逻辑,是用数式传播,还是用语言传播,用语言传播时详细到什么程度,用怎样的文体传达,正是这些原因才产生了因人而异的多样性。正如常识也承认的那样,真理是唯一的,但有无数种解说真理的方法,这种情况并不奇怪。因此,在此笔者想提议的方法是,正是在这重要的分界线上,即在接受了闪现逻辑之后,有了说明这种逻辑的多样的主体,有了叙述这些故事的多样的讲述者,成为难题的“我”就成立了。

笔者曾多次写道,自太古以来,传承神话这件事是“在的身体”的主要工作。传述时,要叙述的神话只有一个,但叙述的声音、表情、手势、强调的重点,每位叙述者都各不相同。有时,也有叙述者在讲述中改变内容细节的,事实上,历史中的神话都发展成了虽类似,但都有多种版本的形态。而这些叙述者的拥有个性的“我”,实际上是在讲述神话的各种场合,换言之,在听众的共同体中产生的。为随时随地地吸引不同听众的注意,为集合并提升一场兴高采烈的聚会,叙述者主动改变自己,演绎出不同的“我”。

神话的核心主题是来历传承。世界是如何产生的、人是怎样出现的故事占了神话中的大半。并且,大体上来历传承的说法不外乎因果关系的故事,虽说朴素,逻辑结构还是人们关注的核心。那座山之所以诞生是因为众神抛出了泥土,或是龙将地表推高了。无论哪种故事,主题都是“为什么,为何这样”的问答。当然,这样的逻辑不是叙述人的“我”创造出来的,而是上天的远方自然闪现的，如果杰恩斯是正确的话，那就是传达到史前人右脑的东西。叙述者的“我”为了让听众听到更为精致、明快的故事，做了调整各种节奏的“加工”而已。

这样说来，上述的加工也可以说是自然科学诞生之后，这种科学对自然所进行的工作。科学并非简单地摹写自然现象，但也不是靠感性、理性的力量来构成自然的，这样的基本性质无须重复。科学是把握自然显示的节奏，让这样的分节结构的刻印更加深刻、明确的工作。笔者想在灵光闪现与这一闪现的说明之间，换言之，在“es”与“我”之间，找出与自然和科学间的关系极为相似的关系、进而找出与远古的神话与叙述人间的关系相同的关系。

宛如神话般，或自然本身那样，“es”作为其自身内部有结构的流动而显现。正如已看到的那样，它包含分节结构、因果关系的原型，并以自发性(spontaneous)行动的力量起作用。这种随时随地的运动偶然抓住一个人，当那个念头闪现之时，即是知识界的“我”形成之时。“es”的运动抓住了谁，选择了谁作为自己的说明者，就如利希滕贝格所说的，不过偶然而已。但或许被选上的是对“es”谦虚的人、是努力倾听那种声音并锻炼自己的人。神话的叙述者首先也是恭敬谨慎的倾听者，面对自然的科学家也是依据学科磨炼自己的听力的人。

虽已是画蛇添足，这里还要添一句：“我”不是传统的认识主体，而是将认识的结果讲给智慧的一席听的主角。这里也可说有主客关系，但不是看到的主体和被看到的客体间的关系，而是某种意义上更为本质的主客关系，或可以说是用故事来招待的主人与被招待的客人间的关系。这样的说法，听起来或像玩笑，笔者却是认真的。大凡思想会结成一个时代的共同体，而为了避免马克斯·韦伯(Max Weber)所说的“魅惑”，那种思想必须细微部分都使用他人能理解的语言来说明。更进一步说:“真理并非取决于应用,其本身就有意义”,这句话的含义是真理即是相关的解说引导万众从心底里接受这样的观念的那一刻。

知识界也是广义的社交界,在那里有很多主角们轮换着讲述故事。其中也有叙说错误的人,也有一知半解而说谎的人。因此,这里有可能产生犬儒主义[①],也有可能蔓延自认为不存在真实的相对主义的危险。但有一点可以肯定的是,知识界也是被“es”选择的拥有经验的专家们的世界,谎言和错误迟早会通过相互验证被揭穿的。

身体真正感受了如闪电般的灵光闪现时,大喊“尤里卡(有了)!”[②]而开始解说的思想,与并非如此,仅为简单的逻辑操作的思想,能读懂的人读过之后是很容易区分的。这实际上反映了思维的惊人力量,一方面需要诚实、巧妙的解说技术,与此同时,被“es”选择的幸运也是必不可少的。而且,此处虽已无必要赘言,但与之前提到的所有工作的情况同样,那种被选中的幸运的实际感觉增强了“我”的存在感,增大了能动性的感触。

作为节奏的拥塞的“我”

笔者曾以海上的汽船为例,介绍了多种节奏拥塞在一个地方,生成一个类似个体物的现象。船不仅每时每刻受波涛摇动,也因潮汐的涌起与退下、风的强弱、甚至自身引擎的节奏而摇动。更进一步说,作为物理固体的汽船,总在消失而去的时间流逝中,作为

---

① 犬儒主义(cynicism)亦称“昔尼克主义”、冷笑主义,主张德性为唯一善,幸福唯有摆脱欲望才能实现,提倡反文化的禁欲生活。——译者注

② 此词的解释见第四章脚注7。——译者注

那个流动的分节的一个单位而存在。这里想到此例不为其他，而是想借这一比喻，以节奏的拥塞，来解说迄今为止所观察到的“我”这一复杂的现象。

“我”首先是作为身体实际感觉的直接性显现出来的，但这不可能形成包裹“我”的轮廓，就连“我”的内外的区别，以实际感觉和共鸣的差异来分析也不过是程度之差而已。接下来是传统中被论及的“我”的意志的支配力量，很明显这样的力量不要说世界，就是自己的身体也力所不能及的。仅在决定工作成败的命运偶然起作用时，具有讽刺意味的是，作为接受这一选择的存在，能看到一点点我站出来的可能性。最后，最接近确实存在的“思考的我”仔细分析后却是最不可靠的。思考这件事并不是什么主体的创造，不过是自发地在知识界里灵光闪现的现象而已。“我”受这一无人称的力量的祝福，作为那个思想的解说者被选中之时，初次作为知识界的“同座一席之主角”存在而已。

很明显，这里出现的“我”不但各自都并不靠谱，而且都是相互异质的存在，只能从异质的根据来解说其存在。岂止如此，所举的各种我经常会出现相互矛盾的诸种作用，大都处在很可能破坏我的观念统一的位置上。如果勉强把这些归纳到一个框架内，这样就有维护“我”的观念统一的依靠的话，那只能是第三章中讨论的“在的身体”的宿命的封闭性、以生死划分的人的一生的框架。节奏有大小不等的波浪，其中重要的单位之一就是人的一生，这个有终点的时间界限使人保持谦虚，慎于“世界闭塞”之内，成就“在的身体”的自觉。

而如果能这样思考，将这种“在的身体”的一生比作一艘汽船，也许能将其看作不同的我的节奏拥塞在一起的、综合的交叉点。关于异质的我的节奏的种种，何者相当于浪、何者相当于风，虽然敷衍比喻很愚蠢的，但可以确定地说，一生的节奏的单位十分坚固，拥有可与海上汽船比拟的统一力量。因为生有涯、不复返，实在是不言自明的，在这人的一生中能感觉到其他的节奏单位所没有的完结性。

身体与肉体的相克——死亡的“我”

然而，正如第三章中强调的那样，作为一个节奏单位出现的人的一生是极其特殊的现象，并非与生理性肉体的一生完全重合。当然，人的生理性死亡，在死亡的一瞬间切断了生命节奏的流动，但这种切断并不一定与节奏固有的自律性完结一致。节奏的波动还在“序”的阶段，就有人因病而死，相反，也有不少人即使过了“破”的阶段，也还在无所事事地度过余生。世阿弥将此差距看作人生的切实问题，为门下的众人写下了人生的训诫。

“勿忘初心”是世阿弥留给后世的格言，他在《花镜》[①]中阐述道，能剧演员的一生有三次初心。世阿弥的所谓初心，意味着艺术未成熟阶段存在的应克服的丑态，对于能剧演员的人生来说，要经历“初心之初心”“中年之初心”“老年之初心”等三次。其中特别要当心的是中年和老年的初心，此两种情况下，生理性的肉体开始变化，妨碍了已掌握的演技能力，妨碍了迄今为止的已成为自然习惯的节奏。

世阿弥把这两次困境看作是可以克服的人生考验，要求后生重新训练身体，调节变化了的肉体。世阿弥教谕后生，为能恰如其

① 《花镜》是日本室町时代能剧艺术家世阿弥于应永三十一年(1424)所著的能剧秘传书。此书发展了《风姿花传》，论述了40岁后至老年的能艺术论。成书之年，世阿弥62岁。——译者注

分地驾驭老化了的座驾，再次训练乘坐其上的身体，以使其维护序破急的基本节奏。但另一方面，世阿弥也是冷峻的现实主义者，他并不认为这类身体的再形成是无限可能的。他看透了总有肉体的老化达到极限之时，到那时只有“无可作为”的绝望，只能放弃表演度过余生。

很明显，世阿弥在此感受到了人生的双重结构，为其两者紧密相连却无法重合而烦恼。一方是演技的习惯性技术能不断反复的艺术性人生，另一方是由三种阈值表示其变化的生理性人生。两者既对立又粘连的状态折磨着世阿弥。前者可称为艺术性身体的一生，后者可称为生理性肉体的一生，世阿弥为身体与肉体间的相克关系而深感痛苦。

稍微扩大一点视野看人生，可见受这种相克威胁的不限于艺术家的人生。既然身体大凡依生活上的习惯与技能而生存，那么，文化性的节奏与肉体的纯粹生理性节奏间的偏差是不可避免的。艺术是“在的身体”的行为，但即便是日常的“做的身体”的行为，意识到衰老带来的挫折感的那一刻也一定会到来。即使像两条腿走路那样看起来比较稳定的习惯，由于老年长期患病后好不容易恢复之时，人也会一下子变得衰弱僵硬，经常会经历绊倒和蹒跚的痛苦。

即使是不像艺术家那样对身体敏感的普通生活者，至少对老年的尴尬也不得不有所察觉。回想起来，其前兆在中年时就已开始的人也不在少数。人生途中的尴尬让人焦虑、担心，尽管如此，在某种程度上也要努力重新锻炼自己。用常识性的话语来表达的话，人做走路的练习时，会意识到自己的腿，重新将大腿、膝盖、脚踝等作为对象来练习，为了再次将这些身体的各部分统一起来重新运动，要努力调整好全身的姿势。

这样的情况用本书所用的语言再说一遍，可以说在这样练习过程中，身体丢失了本来的两义性统一，逐渐被划分为再训练的身体与再训练的肉体。虽一味想恢复两腿步行习惯的自然流动，却发现在那个过程中，肉体意外地从媒体变成了抵抗体。人意识到两腿，并将其作为对象来把握时，与所有的意识现象同样，只是一种身体的内发变化的伴随现象而已。现实中发生的情况是肉体会从身体的有机统一中排斥出去，成为了异物，横卧在外部的现象。

如第三章以来叙述的那样，身体与生理性肉体处于无法类比的特殊关系中，那是将人的所有功能作用集合而成的十分独特的东西。先前详细解说过两者是不同之物，这里再补充一点，上述的情况在各种疾病与障碍上都有所显现。梅洛-庞蒂喜欢引用的例子“幻影肢”中，作为肉体已缺损的手脚在身体上会继续存在；肉体虽是人类的幼女的四肢，因偶然被狼群培育丢失了两条腿步行的能力，这是为众人所知的事例。

出生阶段首先是肉体的诞生，然后在此之上身体成长起来，因此从节奏的观点来看，只能认为后者是以前者为媒介而生存的。但另一方面，两者的结合确实显示出宿命性的坚韧，与通常的节奏流动与媒体的关系完全不同。海边的波浪乘着风、乘着水、乘着沙前进，不断地换乘媒体而推进自身，但身体却只与一具肉体结合，并与之共存亡。

而且，这样的休戚与共的媒体有时却会背叛身体，随意地变化，某日再意识到它时，却变成了或已丧失了媒体作用的异物。随着中年的尴尬、老年的尴尬的到来，日常的“做的身体”到了这样的年龄，逐渐功能衰退，随时随地会发生一些小事故，如看不清微小的文字、上楼梯时绊跤一类的情况。人在这样的时候会因之心理上受打击，深感人生的每况愈下。

这样的瞬间,身体感受到习惯、技能的同一性上的威胁,由于这样的威胁,重新增强了同一性的实际感受。身体为保护自己而努力恢复,但最终还是失落于“力不从心”而放弃,经历整个过程,对身体的同一性越发有着强烈的感触。下面的说法听起来或有些唐突:伴随着身体同一性的感触,在意识上出现的正是“我”的重要的侧面。

前一节笔者将“我”比作海上的汽船,试图将其作为各种异质的节奏的拥塞来把握。在此,笔者将此间成为节奏拥塞之核心的重要节奏单位,比喻为汽船本身的节奏单位,名为“生涯”,注意到了节奏贯穿于身体与生理性肉体相互嵌入的过程中的情况。

这一节里我们会看到这样一种存在:只要与死亡相关,身体就无法战胜肉体的宿命;换言之,人在整个生涯中,每时每刻都在走向死亡;而在偶尔预感到死的时候,会实际感受到死去的是“我”单独一人。人可以与他人一起生活,但不能与他人共同死去。由于人会每天死去,每天与他人诀别,终于得以活下去的“我”是一种得到了许可的存在。

追求哲学与常识的新关系

如果真能够这样去想,从节奏的观点,彻底解说“我”的问题,笔者将为之无比喜悦。当然,仅就考察的内容而言,笔者对迄今为止的探究进展还是感到有一定效果的。尽管如此,令人遗憾的是,本书不可能以这种批判的、反常识的结论,带着欣喜的情绪,终结这场哲学的探究。之所以这样说,是因为迄今为止试图驳倒它的常识性的“我”的观念、朴实存在论的自我、主体的观念,不仅依然根深蒂固地盘踞于社会,甚至近年来,越来越多的拥护这种观念的思想在蔓延。

特别显著的，毋庸赘言就是强调自由意志的绝对价值的社会思想，是在寻求法律、社会制度改革的思潮中，把作为权利的“我”看作不言自明的存在的思潮。一言以蔽之，这是随着思想现代化潮流兴起的风潮。在这种不知不觉的过程中，社会思想与哲学分道扬镳，未经历对“我”的哲学上的质疑，就向前迈进了。换言之，也许可以说现代社会思想排除了哲学性基础，开始独自走上了自己的道路。毫无哲学根据就相信“天赋人权论”的社会思想，以同样的天真，盲目相信自由意志，并且据此，将“我思考”“我行动”“我要求”等一系列自我扩张的题目作为至高无上的课题来追求。

其结果导致了21世纪的社会思想失去了整合性的基础，到处暴露出混乱和矛盾。比如说到人权，哪个“我”的人权应优先呢？每次面临现实问题时，社会思想都不得不苦恼不堪。维护治安中防范犯罪与保护隐私间的矛盾，人工流产中女性决定权与胎儿生存权的对立，以及是否允许人有选择安乐死的意志自由等，所有这些深刻的问题，社会思想都没有明确的回答。尽管如此，更严重的现实问题是，没有可能从前提上就废弃困扰于这些问题的社会思想，创造出有全新的整合基础的近代思想。

理由很简单，因为与哲学离别的社会思想与哲学本身一样，都是“es”思考的产物，都是在知识史中宛如自然现象般闪现，借助一位时代的叙述者之口讲述出来的东西。要说问题在其内部，质疑近代社会思想并没有把握真正的灵光闪现，只是某人肆意妄为的逻辑游戏而已，这样的批判对仅在知识史上稍有了解的人来说是做不到的。毋宁说更危险的是，议论现代思想的瑕疵，否定各种现代价值观的尝试，其实不外是老套的“我思考”的活动，且从结果来看，其真相很可能仅是一种犯了时代性错误，以倒回前近代的逆行方式而终结的过程。

这样空前绝后的时代所需要的,恐怕不是从哲学的立场批判或重塑近代思想的基础;但也不是其反面:在近代思想的观点下让哲学臣服。近代思想是人们生活在当下时代的常识,人们面临的课题是探索现代常识与哲学的新关系。对自柏拉图"洞穴的比喻"[①]以来的数千年,一贯颠覆常识、重塑世界观之基础的哲学来说,这是再次探索自身划时代的地位的伟业。虽然有些唐突,写到这里笔者在考虑,本书还需要一章,承担起继续讲述故事的任务。

① "洞穴的比喻"出自柏拉图《理想国》第七卷(见《理想国》,商务印书馆,1986,第272页)。背朝洞口,头被固定朝向一方的囚徒只相信前面洞壁上的影子是世界的实在。这是人与可视世界的关系。即便被解放,囚徒仍然坚持这样的盲目相信。哲学教育的目的就是要引导人的灵魂转向可思维的世界。——译者注

第七章
节奏与自由——或哲学与常识

指导常识的哲学

与自然科学并驾齐驱，哲学是西方产生的人类文明财富之一，但几乎整个哲学史都与统治社会的常识处于持续的对立之中。而印度、中国也有类似哲学的深远思想，大体上都肯定社会的统治性常识，对其作解释、证明，并试图向好的方向引导常识，这种基本立场与西方哲学相比是完全相反的。一般认为，这种差异的原因源于东方思想主要集中于宗教和伦理，以社会的统治与人生的救赎为目标，与此相对，西方哲学在上述的内容之外，又加上了对人类“认知”活动的关注。

常识是最初步的，因此是普遍的认知行为；而哲学其自身就是认知作用的同时，它是从关注“关于认知活动的认知”上产生的。由此，哲学负有不断地检查和矫正常识的宿命，这种状况最典型的一种表现就是哲学史上流传下来的苏格拉底的形象。苏格拉底不断地、执拗地驳斥同时代的知识分子，揭露他们的知识其实不过是“自以为是(doxa)”[①]而已。他的目标与其是自己来展示真理，毋宁

---

① doxa 一词的翻译，参见第 132 页脚注。——译者注

说是首先让人们认识到自己的无知,促使人们重新思考真正的知识是什么,不言而喻,终极上说这是通过打破一切常识来实现的。

进一步推进这样的哲学探究,积极地探索代替常识的真知的努力是柏拉图和他的"学园(akadēmeia)"。柏拉图在常识所认识的现实之上,发现了理念之光,而把现实定位在这一真实的幻影、或临摹的图像的位置上。哲学与常识的对立就此被公然提示了出来,并用"洞穴的比喻"的表述将其鲜明地视觉化。但或许更为重要的是,他当时为确立真知而创办学园,创立知识探索机构,尝试了人类历史上最初的知识制度化(institutionalization)的努力。

但说是制度化,柏拉图的学园近乎于束缚较少的知识性沙龙,此状况从其弟子亚里士多德多有违背其师之教导的表现就可知一斑。尽管如此,不能否认"学园"是严肃的教育机构,通过维护贯彻始终的理念主义的学风,自公元前 4 世纪至罗马的查士丁尼大帝(Justinianus the Great)的 6 世纪,传承九百年的历史事实。据传,柏拉图是在雅典的政治混乱的漩涡中创立学园的,可以想象,政治的事实让柏拉图痛感学园是守护知识的堡垒,同时也更为深刻地感受到哲学与常识、真知与俗闻间的背离。

从那时起,纵览中世纪至近现代,哲学始终坚持不懈地与常识对峙,并持续采取了以高于常识的视角对其进行指导的立场。由此,哲学逐渐形成了学术规范(discipline),确立了知识共同体的内部约定,提高了知识体系的权威。即便在中世纪基督教直接控制常识,万众因信仰而皈依最终真实的时代,哲学依然努力使信仰的真实与亚里士多德的传统并存。最后,哲学将最终真实委任由神灵来掌控,而总揽了有关周边现实的知识,以自然学为首,以诸门学术为基础,始终贯彻了对于常识的指导。

当然,哲学对常识的这种优越感,并非是轻视常识,毋宁说正相反是基于希望更正常识的责任感。柏拉图是《理想国》的著述者，他的著述表现了对雅典政治的强烈关注，但同时他的学园毕竟只是为了启蒙常识而设立的。这么说来，苏格拉底的论战并非单纯的知识性游戏，其实是包含着使人们认识自己的无知，重新深入思考的启蒙性意图的。反过来说，也许他非常重视常识世界，正因为如此，他可以依据想法的不同，对常识所制定的国法提出强烈反驳的同时，也服从这样的国法而从容赴死。

哲学的责任感

然而，在哲学的黎明期，与狭义的哲学家(philosophos)并驾齐驱，被称为智者(sophistēs)的一群知识分子同在知识界里，那时的哲学思维与常识间有着一种与此后很不相同的关系。智者是在公元前四五世纪左右，给要在法庭、政治集会上争辩的市民教授辩论的技术，以此获得相应报酬的职业辩术师，比较复杂的是，他们偶尔也向人们透露一些哲学性思维。因此，他们与哲学家的区别，在当时就很微妙。纳富信留(Notomi, Noburu)的《谁为智者?》一书中记载，连苏格拉底也被他的辩论对手骂为智者。

后世的哲学史里很难找到对两者所下的明确定义，最多只说到，哲学家无偿地进行思考，而智者是为了金钱来立论，这类外表上的区别。但通过实例可以看出，智者在哲学思维上，同样是高度抽象的，很难认为他们因此获得报酬、提高职业名声。两者的区别还是要在立论内容本身中寻找。依笔者所见，这里出现的不同，无非是思考者对于常识的态度。

将巴门尼德与高尔吉亚(Gorgios)作一比较，可以看到两者间有着微妙但确实存在的很大差异。前者在纳富信留《西洋哲学史》

(讲谈社版)第一卷中被视为哲学的创始人,而后者在同一著作中被视为典型的智者。依据纳富信留的解说,比较两人的主张,发现虽逻辑操作及由此打破常识的方法极为相似,但在如何来对待被打破后的常识的问题上,两人明显的不同。

巴门尼德凭借那句出人意料的箴言"存在者存在,非存在者不存在",使得他在哲学的门外汉中也广为知晓。不是讨论具体的个体物存在还是不存在,而是如果对存在的事、不存在的事作抽象地讨论,说不存在的事是存在的,那是很奇怪的。的确,既然没有限定,那么空虚、位置、空间都应是不存在的,因此,不得不说巴门尼德的逻辑是不可动摇的。他以此为论据认为:世界已被"存在"充满,因此,运动、变化都是不应有的。乍看他的理论类似芝诺悖论的诡辩,但这种理论却给予柏拉图、亚里士多德很大的刺激,正统的哲学是从回答这一难题开始的,这一点成了哲学史的定论。

而高尔吉亚或许是怀着反驳巴门尼德的意图,建立起了逆向的"存在不可能存在"的逻辑。如果大幅度简化烦琐的逻辑,一言以蔽之,假设存在的东西就存在,那是永远存在吗?还是在哪里产生的?从逻辑上考虑,两者都是不可能的。永远是没有开始也没有结束的无限,但无限存在于特定的某个地方是矛盾的,这样的事物任何地方都没有。反过来说,如果产生了某种东西,无论那是从有产生的还是从无产生的,从无产生有是违反了无的本质;有已经产生了所以不应再产生。如果永远是不会产生的,而产生的东西不可能是永远的话,那么最终也只能说存在的东西本身是不可能的。

就这样,抽象地举出"存在"和"不存在"两个词,仅凭逻辑来追求观念的正确与否的两人,巴门尼德与高尔吉亚不仅得到了相反的结论,且从自身的情况看,也描绘了与之后的历史的割裂的轨迹。与前者的荣光无法比拟,后者在柏拉图的《高尔吉亚》中受到嘲笑,甚至未被正面驳倒就被遗忘了。后世的哲学史也几乎未提起他的名字,即使有时被引用,可说只是作为坏的意义上的智者的典型而已。

笔者认为,这种差异正是柏拉图之后哲学的基本姿态的体现,是因自身的卓越而对于常识负有责任的一种表白。巴门尼德和高尔吉亚都挑战了常识,与前者给常识留下反省的余地相比,后者的彻底的虚无主义与其说是在纠正常识,不如说从根本上否定了其存在。如果世界上什么都不存在的话,当然不可能存在认识什么的行为,哲学和常识的对立本身就会被否定。认真的哲学不可能允许这种不可知论,古今哲学家在反驳这一论调之前就抹杀了这种说法可说是理所当然的。

哲学的认真与思辨的游戏

虽有些求远,笔者在此还想追溯一下,巴门尼德和高尔吉亚的上述差异,不仅限于两者的结论,也根源于在此之前的思辨态度本身。再次跟着纳富的解释学习一下,实际上,巴门尼德对常识的认识不同寻常,毋宁说柏拉图以后的哲学家们都没有想到。在对"存在"的问题提出如此彻底的一元论之后,巴门尼德自己推测这个证明对外行人来说是难以理解的,竟然很细心地对众人表述了另外一种适合常识的次善智慧,即所谓权宜之计的世界观。

只剩下片段书简的巴门尼德的理论很难理解,不过令人惊讶的是,那个次善智慧、权宜之计的世界观甚至包含了光明与黑暗的二元论、对立统一的理论。同样,根据《西洋哲学史》第一卷中纳富引用的井上忠的日译,世界是由"火焰澄气明亮的火"和"昏暗的夜晚”两部分组成，依据“相等的两者”的力量平衡而得到满足。重复前述的说法，这样的世界观仅是为“应逝者的一厢情愿”，作为一种“冠冕堂皇的秩序”而准备的说法而已，但巴门尼德还是这样说了。

这里可以看到哲学表现出的惊人的谦虚姿态，在常识面前几乎是谨言慎行的状态。“应逝者的一厢情愿”的口吻确实十分傲慢的，但这里还没有出现“洞穴的比喻”所要表明的那种常识的绝对指导者的意识。哲学始终坚信自己的真实，但面对常识有当别论，只要求平等地在既有理论的基础上生活即可；岂止如此，甚至可说哲学采取了援助常识的态度。

后文还会再次论及，哲学的这种谦虚，在柏拉图创办了学园之后，直至近代已完全丢失了。在中世纪的修道院与大学、近代的大学与学术界之基础上被制度化的哲学，一直是作为照亮黑夜茫茫沧海的灯塔，或作为谴责世俗混乱的经世济民的智者而君临天下的。

与上述状况相对应，回首黎明期、制度化之前的哲学与常识的关系会油然生出一种想法：近代以来的哲学本应有一种与以往不同的态度的。这是一种反省：与科学发展、社会思想自身取得进展、常识本身也发生巨大变化的现代相适应，哲学的面貌难道不应有所改变吗？

但在研讨那样的问题之前，重新认识同样处于认知黎明期的另一个极端的高尔吉亚，其中有颇为有趣的情况。因为人们怀疑高尔吉亚其时虽也展开了哲学性思维、表面上挑战了常识，但他最初开始的意图就是游戏？据《谁为智者？》的记载，他在那场哲学讨论之前，曾写过两部小说，以《海伦颂》《帕拉墨得斯的辩解》为题的两部作品，都是论证神话中的人物无罪的戏剧。这里值得注意的是两部小说中的辩护，逻辑极为周密、外表上真挚、与存在论的哲学讨论相比毫不逊色。但很明显为神话中的人物辩护，除了游戏以外是不可能存在的，事实上，《海伦颂》的末尾明确记载着的“此为游戏(paidia)”的字样。

纳富暗示这一点表明高尔吉亚的哲学讨论其本身就是一种思辨的游戏、哲学的戏仿(parody)，笔者完全赞成这个看法。且稍稍深思一下可以看出，这种游戏意外地与认真的正统哲学并非无缘。而在离开功利，无偿地思考世间事物这一点上，毋宁说两者是同质的。稍稍戏言一句，哲学家虽指责智者贪图金钱，但游戏时的智者，不要说金钱，就连对哲学家的名誉都显得无欲无求(笑)。至少在思考关于“存在”与“不存在”的问题时，高尔吉亚是为了纯粹的思辨的乐趣，为了体育般的有趣而思考的。这样想象恐怕并不会错。

从他对常识的态度来看，说他既不狎昵，也不像哲学家那样正经，而是保持距离，一副奚落人的态度，这样来形容或并没有错。他看着对自己近乎诡辩的言词感到困惑却无法反驳的常识人，内心肯定是呵呵大笑的[①]。要说他心眼坏作弄人，后话也就没有了，但从让人们注意到对常识的一厢情愿是有局限性的这一点来看，或许虽然是从完全不同的方向出发的，却意外地与苏格拉底所发挥的作用十分相似。

但与常识开玩笑的高尔吉亚，同时也开了以常识之师为己任的哲学的玩笑。不知是否是报复，认真的哲学就把他的名字从历史中抹掉了。但只要哲学本质是非功利无偿的思辨，它与游戏有共性的特点虽可隐藏，却不能抹去。实际上，这一事实直到遥远的

---

① 此处保留了日语的“呵呵大笑”一词，因原词历史上汉语中多有使用，如宋释妙原的偈颂六十七首中有“呵呵大笑，龙头蛇尾”一句。——译者注

后世，意外地在17世纪的法国沙龙文化中露面。拙著《社交的人》[①]中曾写到，由众多女性主持的优雅的沙龙中，与各种文化人一起，正统的哲学家也占有一席。

这些沙龙的铁则是“不说俗气话”，恰如此原则的字面意思，沙龙只追求非功利性对话的乐趣，其中哲学似乎是不可或缺的话题之一。艾吉永夫人(La Duchesse d'Aiguillon)的沙龙邀请了帕斯卡，瑞典的克里斯蒂娜女王(Qaeen Christina)在巴黎开设的沙龙有笛卡尔出入，因此缘分，晚年的笛卡尔造访斯德哥尔摩，并客死于斯地。另一有趣的逸闻是，成了妮农小姐(Ninon de I'Endos)门客的、研究亚里士多德的著名学者，或是遗忘了游戏之心，过分地谈论了“俗气的真理”而受到满堂宾客的嘲笑被驱逐出门。

在当时的这类沙龙里，似有女主人以“恋爱”为主题，制作接近哲学的理论来自寻其乐。如斯居代里小姐(Madeleine de Scudéry)曾写过一篇名为《论羡慕》的论文，那篇论文将羡慕与吝啬、放荡等其他德性上的丑恶进行比较，证明羡慕是特别纯粹的德性上的丑恶，让读者感觉其逻辑操作已达到了相当高的水准。虽然现在已无法想象此类将哲学当作玩具的事，但在功利主义极尽其穷，将哲学逼进死胡同的21世纪里，或可以想象未来会由这一意外的途径通向新的希望。

哲学与常识的历史中“我”的出现

总而言之，虽说哲学与常识对立，但两者的关系无论是本质上

---

① 『社交する人——ホモ・ソシアビリス』的中译本为《社交的人》，周保雄译，上海译文出版社，2008年。——译者注

还是外表上,在近代以前还是平静而不引人注目的。对立的意识毋宁说在哲学内部很强烈,而常识方面却对那样的事漠不关心。哲学方面也并未表明受了常识方面的攻击,或要主动攻击常识的态度。期间,最大的危机是在基督教支配了常识之后发生的,如前所述,当这一危机被巧妙地回避之后,两者间再次恢复了和平。

笔者推测,两者间和平的理由或在于隐藏着的本质上的擦肩而过。常识往往是彻底地站在“我”的立场上考虑问题的,与此相对,哲学却意外地对“我”的存在漠不关心。假设哲学指导常识,只要常识对基本的思维方法不感兴趣,很明显这种指导不会提高到激烈攻击的程度,常识方面也不会萌生反击的意识。

重新回首人类历史,对于常识来说,没有比“我”更为熟悉、理所当然的存在了。如前章所详述的,“我”是每日都能直接感受到的存在,“我”用意志的力量操作自己和世界,最重要的,“我”是思考的主体,没有特别地从哲学角度去审视,自然是不言自明的现实。事实上具有决定性力量的是语言,全世界上任何语言恐怕都有表示第一人称单数的代名词,许多语言有表示主格单数的动词变化形式。古今东西,所有的人类一开口就称“我”,一直被认为,这是用其他人称无法表达的存在。这样的传统力量历来是很大的。

希腊以来的哲学完全没有对此表示过兴趣,在笛卡尔之前,连对“我”的概念都没有一丝否定的言论。回想起上述的事实,只能说实在是不可思议。当然,哲学并没有遗忘对认识主体的关注,柏拉图之前就把“理性(nous)”放在最高的位置,在其下面安排了各种认识能力的位置。但所有这些能力都被要求清晰明了,期间也排除了对“我”来说必然会有的身体感觉的暧昧。且与“我”不同,理性不是存在于某处的东西,只被考虑为能认识、立论所有存在的纯粹的作用。从语言使用方面来说，特别需要注意的是，将“理性”称为“我”恰如将第三人称换成第一人称的从未有过的行为。

前文引用过的《西洋哲学史》第三卷中，村上胜三的题为“笛卡尔与近代形而上学”一文称，笛卡尔是将“我”的观念带入哲学历史，作为哲学的重要主题的划时代的思想家。毋庸赘言，笛卡尔首先将“我”作为需要论证的对象，即作为可疑的存在提出来的。尽管如此，仍可以说是村上所说的充满“革新性”的思想。首先，笛卡尔使用动词的第一人称单数形式“cogito”是从未有过的，如果这就是“理性在思考”的话，思想史上就不会发生任何事情。

此处需提一笔的是乍看如谜一般的情况。笛卡尔的言论发生在 17 世纪上半叶，在常识所支配的社会思想方面，自我观的思想尚未高涨。那是尚未发生英国光荣革命、美国独立战争、法国大革命，社会也未出现呼唤作为权利的“我”的思想的时代。笛卡尔是在哲学世界内部，独自发现了“我”的存在，且哲学内部也未做好发现“我”的思想准备，这一点上除了彻底佩服笛卡尔的天才别无他说了。

笔者并不想吝啬赞美笛卡尔的言辞，但还是想描述一下当时的背景：那个 17 世纪的巴黎社交界。曾多次强调，那些沙龙的大原则是维系不即不离的人际关系，参加沙龙的“我”，与他人保持柔软而有严格距离的关系。成员发挥有魅力的个性，通过表现力与他人竞争，坚持热情而不狎昵的态度是这个世界的隐性规则。这与下一个世纪的“自我主张的我”不同，可说是“表达的我”的集聚，要说笛卡尔在那样的场所里学到了些什么应是很自然的吧。

总而言之，笛卡尔将“我”定位为哲学的主角，通过几次“考察”，从那里引导出普遍的认知主体的努力是一场静悄悄的革命。以这次革命为契机，哲学对常识开启了新的战端，如前章所述，采取了两个相反的角度，重新否定了常识的“我”。一个角度是依据笛卡尔的“我”，使传统的理性的观念膨胀，构成包含感性和想象力的复杂认知能力，在那样的精度上压倒常识。另一个立场是注意到了笛卡尔的“cogito”本来是“video”，全面否定了以此为依据的思考主体“我”，并在哲学史上描绘出“es 的谱系”。

哲学与常识的同格并存

前章，笔者取自身所持的哲学立场，虽力不能及，亦尝试着探讨了常识所说的“我”的概念。其终了之处所明白了的是“我”不过是完全不同性质的节奏的拥塞体而已，作为现象的单位并非是坚如磐石的存在，也不是能在世界中要求特权地位的存在。但与此相反，笔者在本书中感觉有必要用一章的篇幅来思考“节奏与‘我’”，是因为笔者自己内心清楚，由于存在着贯穿现代社会思想的常识，“我”的压倒性特权被认可。从人权、自由、平等等现代社会的各种基本价值来看，一切都是以“我”的实际存在为前提而确立起来的。

内部存在着上述深刻的自相矛盾的哲学，笔者眼下感觉还有救的，就是认知的黎明期，在诸门学问制度化之前，从事哲学的巴门尼德的良知。他对自己的一元论哲学既抱有自信和自豪，同时竟然也容忍当时的常识(doxa)易于接受的二元论。他当然也想通过哲学来矫正常识，但还是能看到他有一颗不急不躁的心。而这份从容也许与把哲学当作游戏来享受而嘲笑常识的智者的精神是相通的吧，假设巴门尼德能见到这样的评论，或也会莞尔一笑的接受了吧。

这里以一个离奇的念头，换个视角看问题：让 18 世纪以来的现代重回智者的时代。随着纯粹哲学不断加强制度化，知识社会扩大了其范围，无法区分哲学家与非哲学家间的差别的社会思想家泛滥了起来。18 世纪，被称为启蒙主义者的知识分子大半就是那样的，20 世纪以后的社会科学家、人文学者、记者的大部分都可以看作为是智者。

用上述的观点来看问题，占据现代知识宝座的自然科学的定位就很有趣。一方面，科学与常识对立，如以地动说矫正天动说那样，所取的立场与古代哲学的指导性地位非常相似。另一方面，如卡尔・波普所道破的那样，科学应甘于自己的论证就是“doxa（信念）”。科学虽对于知识的扩展显示了极大的热情，但对认知活动的认知几乎毫不关心，无非将其看作为常识的延伸而已。是否因为此原因，科学对于常识也有宽容的一面，无论多么严格的天文学家也不会责备“朝日东升”这样的表达，从这一点上可以看出，科学的姿态仿佛是巴门尼德的形象。

如果说古代与现代有差异，那就是相对于古代哲学家积极地进攻智者，现代哲学家已失去了这样的力量和热情，由此，社会思想家方面对哲学的关心也极为淡薄。其结果就导致了今天，很多社会科学家对人权观念仅因方便而随意使用、对没有任何哲学依据的现实毫不忧虑、满足于悠闲地自作主张。虽知道自由、平等的观念内含矛盾，有时会引起现实性问题的事实，但觉悟到此两个观念没有哲学性基础是问题的真正原因的思想家很少。更令人遗憾的现状是，哲学方面对这样的事态也热情不高，且不说不想自己尝试其基础建设的努力，连建设这样的基础是极其困难的警示也不发出。

虽有些舍近求远，据《谁为智者?》的论述，与此相似的思想状况在古希腊似乎也有。一般来说，与社会现实相关的问题意识，智者比起哲学家更为强烈。高尔吉亚的弟子阿基达马斯等人曾对成为当时社会基础的奴隶制提出反对意见。他们的主张是：神允许所有人自由，自然并没有让任何人成为奴隶，但对此苏格拉底们的反应却很迟钝。有趣的是，他们的态度近乎漠不关心，连反驳阿基达马斯的抗议的事也不做，或反之为这种说法提供哲学证明的支援也不做，只是以错开论点的方式，保持了无视问题的态度。

现代无法期待巴门尼德的出现，但21世纪的哲学不应无视同时代的阿基达马斯，至少应不惜付出努力在知识世界里重新定位哲学。如此回想起来，19世纪末至20世纪前半叶，一位哲学家也坚持类似巴门尼德的严格的一元论，却不知为何也承认常识具有很高的地位，几乎赋予了与哲学同格的地位，这样的努力其启示作用非常深刻。这位哲学家不是别人，就是柏格森，就是从标题上就具启示性的那本《道德与宗教的两个源泉》的作者。

常识的制度化与哲学的孤绝

拙著《世界文明史——神话与舞蹈》中亦提到，柏格森在阐述“两个源泉”时，首先从约束常识社会的源泉开始说明。这在学术上是社会学与历史学所教授的伦理的源泉，是与哲学性基础的建构没有什么关系的领域里的故事。众所周知，在这个领域里，人类的规范无非是共同体的传统习俗，以“道德（ethic〔希腊〕，moral〔拉丁〕）”一词为源头的伦理。

柏格森称这个传统性的共同体为“封闭之环”，不过，他这样称呼完全没有否定的意思。共同体在这个世界上有很多，各自拥有与别的共同体完全不同的独特规范，“被封闭”的意思仅在这一点上。在这个共同体的内部，个人的行动不仅受邻居的限制，而且也受变成了无意识感觉的内部规范所束缚。对善恶所下的判断宛如本能一般,个人遵从自动生成的秩序,并不感到受束缚。这里所描绘的社会,无论对个人还是对社会本身都处于健全的状态,柏格森对这样的社会的伦理并未表示任何不满。

他以哲学家的敏锐眼光,从稳定社会摆脱出来的瞬间及历史上罕见的例外事件中,发现了真正的哲学性道德与宗教的源泉。他把所发现的东西命名为"爱的飞跃",说得简单一点,就是天才的宗教皈依,神秘的彻悟。这不是生活在共同体内部的个人,而是直接感受开放世界整体而生存的稀有的个人彻悟,是涌出对全世界人类的爱而殉教的体验。历史上所能见到的是伟大的宗教始祖人物的奇迹般的体验,或突然降临在神秘主义者身上的恍惚的一瞬间。

柏格森将这种天才的个人称为"开放的灵魂",定义为恰如伟大的艺术家那样,创造性地发现皈依对象的人。他们不是服从封闭的共同体的人,而是即使反叛共同体的规范,也要为世界而活,并为此献身而死的人。如此说来,苏格拉底宁愿被雅典市民社会驱逐,也要为自己相信的全人类的真理而死。耶稣基督也不是为了身边的犹太同胞,而是为了他独自相信的未来的普遍人类而去赎罪的。

这些天才们,不用说都是置身于生的创造性的飞跃中的人,是生活在柏格森一贯主张的纯粹持续中的人,但十分醒目的是他们可怕的孤独。他们不仅是在十分稀有的天才的意义上非常孤独,还在很多情况下必须用死来赎回这样的真理的创造。《道德与宗教的两个来源》给人印象特别深刻的是,读者由此了解到柏格森所认为的创造是如此孤独的行为。

到这里笔者突然想到的是柏格森的处女作《时间与自由意

志》,此文本身依阅读姿态的不同,会是一篇充满孤绝感的论文。当然,其论文的笔调是确信满满充满乐观的,文章洋溢着对自己的主张的自信:纯粹持续才是时间的真正姿态。时钟所测量的、有长短的常识性时间实际上不过是空间而已,他断言康德称之为感性的先验性形式的时间与常识性时间是同类,其言辞之犀利对读者有着强烈的说服力。但柏格森所志向的及实际达到的成功也就至此为止,他似乎从一开始就放弃了将纯粹持续观念作为唯一普遍的原理,以此来说明世界的一切的企图。

简而言之,关于那个错误的常识性时间像、空间性时间虚像是如何产生的,相对于纯粹持续占据了怎样的位置的问题,柏格森不屑一顾。只是说空间是量,时间是质,至于量与质本质上是怎样的关系,完全没有去讨论。虽然有一节说到了,质是由意识的紧张而产生的,量是其松弛状态。客气一点说,那是很不充分的解说。如果其关系是某种紧张与松弛的话,两者间应有渐层性中间状态,质与量、时间与空间究竟有怎样的中间状态呢?

从各种角度看不得不说,柏格森虽丢弃了时间的常识上的错误,但他对这种被丢弃的常识的处理太不在意了。这与巴门尼德给予常识的救助相去甚远,且与将现实定位为对理念的临摹的柏拉图对常识的责任感也相互隔绝。但依笔者所见,此并非是柏格森的怠慢与疏忽,对于 20 世纪初的有创造性的哲学家来说,这是难以避免的、深刻的、无意识的看破红尘的结果。在他的身边,常识已经被制度化,建起了高大的围墙;而常识本身已将社会思想及以往的哲学片段当作盔甲武装了起来。康德的时间观念已不再是哲学之一说,而是化为支撑自然科学的常识,被学校教授、研究室使用的常用概念。常识的共同体完成了认知的“封闭之环”,包围了哲学的飞翔,这样的情况下,“开放的灵魂”一定是急于先在这样

“环”中凿穿洞穴，独自一人冲到荒野中呐喊的。

可从《时间与自由意志》的后半段，柏格森论述文章的基本主题——关于自由的部分，窥视到以上说法并非胡思乱想。根据柏格森的观点，自由与合理的选择是完全相反的，与任何逻辑性动机无关的，是将自己置身于由内而生的“感情、观念的沸腾”中的状态。这种沸腾不是从个别的感情、观念的相加中产生的，而是通过整体的相互渗透而变成纯粹持续，在自我的根底上形成的“义无反顾的热情”。对于柏格森来说，纯粹持续才是真实的存在，后又被看作为“生的飞跃(élan vital)”，他在那里寻求自由的源泉，应该是顺理成章的。

但在这里应铭记的不是上述的情况，而是在同样的上下文中，这样自由实际上在日常平凡生活中无法存在，只有在重大危机的瞬间、紧急的状况下才会产生的论述。在日常生活中，人们遵循习惯，选择了不需要认真选择的事而自我满足。顺带说一下：要使选择成为可能，需要多种选项并列，但那样的并立只能在空间中被允许，因而可以说尝试选择的人与纯粹持续是无缘的。

柏格森反复强调的是，人与那种选择不同，在自己内心里自然地积蓄着感情和观念的沸腾，隐藏着无动机的热情而生活着，而成为自由的行动而爆发的只在“重大事件”的背景下。反过来说，人们“下定重大决心的那一瞬间”正是之后再回顾时“无法用言语很好表达出来”“无法靠着(要素的)并立，人工地再构成一次”的瞬间，这里毫无疑问地凝聚着纯粹持续。

在柏格森公然且隐秘的告白里包括了两项决定性的事实。第一，他公然承认，能带来自由的纯粹持续是稀有的现象，人即使能依据内省了解这件事，能身心同在地体验的只能说是例外。第二，言外之意他承认的是，人无法生成和选择纯粹持续，完全只能被动地等待。既然自由不是意志选择的活动,意志无法选择那个自由是理所当然的。这样看来,似乎纯粹持续是一种恰如一阵龙卷风那样自然发生的现象,随时随地会袭击人将其卷入空中,乘着生的飞翔而运动离去的奇迹。

再换个说法,纯粹持续作为笛卡尔所说的显现(videori)应无可怀疑,但这样的话,它就既没有构成常识世界现实的力量,也没有形成基础的力量。哲学虽正确无误地看到了真实,却与那个宗教性的彻悟奇迹相似,无法对“封闭之环”施加必然性的影响。既然通过了解纯粹持续,人们虽能改变对世界的看法,却无法选择以自己的身体践行纯粹持续,那么现实中除了遵循常识世界而生存之外别无他路。笔者个人认为,这是因为柏格森是近代思想界唯一一个持有无意识哲学观的哲学家,这就是前面提到的他在哲学论坛上的孤绝感。

容本人坦言,笔者对柏格森的看破红尘怀有深深的同感,期望把他的无意识哲学观意识化,以思考哲学与常识的新关系。如果要先提出结论,目标就是让两者作为同等的认知方法并存,放弃柏拉图以来的哲学的优越地位。笔者原本对哲学内部的一元论持有怀疑态度,今后还将更进一步地去追求哲学整体与常识的二元并存。

在常识世界中探求自由

如前所述,哲学与常识背离,各自固守互不相容的见解中,是自“我”之自由成为一大命题时开始的。对于常识来说,“我”的存在是历史上不言自明的事实,其自由则一直是最高的价值;而对哲学来说,“我”不过是路旁的存在,真正的认识主体——理性的附属物而已。笛卡尔关注“我”，尝试证明其存在是哲学上空前绝后的事件，但此事是否成功令人怀疑。这一问题前文已讨论过多次。而要说到自由，在哲学看来，因为那是清晰明了的理性的特权，对于带着身体被感性扰乱的“我”来说，是不应将自由作为问题来讨论。

单刀直入地看20世纪以后的现状，哲学与常识的背离已经达到了极其巨大的程度，在以社会思想为主体不断成长而内容丰富的常识体系面前，似乎已无哲学插嘴的余地了。“我”的自由曾是一项单纯地被要求的权利，而在历史经验的学习中逐渐成熟，现已达到了近乎哲学观念的完成度。笔者主张哲学与常识二元并立，也是因为目击了内含知识的常识迄今为止的发展，对于置身哲学一侧的笔者来说，两者相互并立是令人欣喜的状态。

于是，当务之急便是通览现代思想的成果，从汗牛充栋的现代自由论中，选出佳例。而这其中纯属偶然的收获就是选上了迈克尔・波兰尼。本书前章里已介绍了波兰尼的哲学认识论，并多有依据其科学哲学的论述，也侥幸发现了其中的关联。除上述诸论之外，已无再次回到其著作的哲学性理由了。毋宁说波兰尼的自由论虽是学术性的，但自由概念的哲学基础令人生疑，他甚至提出启蒙主义者尝试的伪哲学自由论是危险的。

虽是有点麻烦的话题，笔者手边的这本书还是一本好书：经济学家兼思想家佐藤光的《迈克尔・波兰尼“隐性知识”与自由哲学》。内容以波兰尼的《自由的逻辑》为中心，在评论其经济理论的同时，准确地介绍了他的自由论及其相关的论述。之所以说有点麻烦，是因为笔者对佐藤所使用的“自由的‘哲学’”一词抱有疑问，除此之外，此书十分可靠，受教甚多，为读者介绍此书肯定是笔者的义务。

笔者认为《自由的逻辑》一书不属于哲学，而可看作是高度体系化的常识，其理由很简单。波兰尼很坦诚地承认人类自由意志的存在，极为朴素地在意志实现的可能性中追求自由。然而，他却把这种自由意志与个人的随意性区别开来，探究任意性自然地受到抑制，与社会整体的自由共存的道路。他的主要的关注点是何为自由社会，而所得到的最终结论是：只要是能保障自由的社会体制，其中的私人自由可只占微小的位置。

众所周知，将自由从肆意放纵中区别开来是自由论的古老课题，协调好不压抑自由而克制恣意，探索所有人的自由的可能性的理论努力，或可追溯到古典经济学的创始人亚当·斯密。斯密将自由竞争的市场形容为“看不见的手”，认为在那样的手掌中个人肆意的欲望互相抵消，自然而然地实现了真正的自由，这基本上可说是今天尚存的自由社会论的原型。虽然波兰尼也通过远为复杂的考察使这一理论壮大，从中发现了在社会现象中随处可见的与“看不见的手”相似的东西，他将这些东西称为“自生的秩序（spontaneous order）”。

依据波兰尼的理论，“自生的秩序”至少有三种，可分别命名为经济秩序、法律秩序、科学秩序。毋庸赘言，经济秩序就是市场机制作用，这个与个人的恣意无关、自然形成的秩序至今未变。谁都有发财的自由，而决定其成功与否的是既无脸亦无名的市场秩序。

与此相比，虽然法律秩序稍显暧昧，但据波兰尼的介绍，法律的观念与运用也有传统，有遵循传统的法学家和法律工作者的共同体。个别的法律专家可自由解释法律，其解释可作为判例和量刑的共同理念而共有，在历史上堆积形成一个无形的秩序。虽然法律文本本身只是观念的罗列，但运用的习惯与传统创造了自生的秩序，进而支撑着社会的秩序。

说到这里似无必要再就科学详细论述，只有这个领域才是典型的知识传统与共同体的世界。科学家个人沉溺于自由地观察与思考中，而所运用的方法本身遵从“discipline”的传统。尽管创造性的大发现打破了范式的封闭环，却与创建新的范式连接，促进了近代科学整体的自生秩序的成长，这是毋庸置疑的事实。

波兰尼关于知识秩序的看法有不足的地方，现在来说也有落后于时代的部分，佐藤对那些具体的细微部分作了精致的剖析。但正如佐藤所承认的那样，形成波兰尼自由论基础的自生秩序的概念是有效的，毫无疑问这是至今仍具普遍性的创见。但它本来就起始于与自由意志无关的世界、生命现象的世界及被称为“涌现(emergence)”的所有现象世界中所见的秩序。如仅与此有关，则可作为哲学概念来接受。可以说，这是恰如其名的自生性显现的现象，与人们有意识地发动的自由意志可说是完全相反的现象。

另一方面，从波兰尼的自由理论的整体来看，这种理论并不是哲学论而很明显是社会思想的表述。包括《自由的逻辑》在内，他的很多社会评论都是站在对当时苏联的政治、经济作出批判的立场上写作的。他站在稳健的保守主义立场上，为表明其立场而建言立说，可以说其著作本身就是间接的政治运动。他的思想虽并未仅仅停留在宣传(propaganda)上，其视野已扩展到了对西方基督教历史主义的批判，但不能否认他的目的始终是社会的启蒙。

时代变化，现在，波兰尼的社会思想的一部分已显得陈旧了，但笔者仍高度评价他所扮演的为世间鸣响警钟的角色，及用常识社会的逻辑来改变现实的努力。这一方面是看透了现代哲学的局限性的人的行为，另一方面也可看成是想要维护哲学的纯粹性的一种谋划。柏格森在预见哲学与常识将并存的位置上停了下来，但波兰尼却通过对两个世界的思考，可以说将那个预见变成了现实。

对哲学来说自由是什么？

漫长的知识的历史中，对于哲学来说，自由一直是个难题。希腊以来，哲学的本分是认识“知”，自由不是“知”，其属性与“做”相关。事实上，无论在什么时代，当自由成为问题的时候，都不是思考或了解了什么的时候，而是竭力主张那样的知识的时候，是以那样的知识为基点而行动的时候，这种情况是不言自明的。

由此可见，问题的出现可认为是在哲学以质疑“自由是什么”的形式，从“知”的问题延伸到“做”的问题之时。本来，哲学在致力于认识“知”的时候，“知”只是扩张自身，将已有的“知”换作新的“知”而已。但“做”是存在于“知”之外的行为，行为的主体、过程都不相同。对于“知”来说，“做”成为了与世界内的其他现象相同的、被给予的对象。而且，在传统的哲学中，对象被视为意识的客体，站在“知”的对面，由于这种认识的图式，越发将“做”放置在一个遥远的场所里了。

这样一来，首先，哲学就要单方面地把行动作为对象来俯视，不仅要把握其结构与过程，而且进一步要将行动置于“知”的支配之下。这种哲学的典型假设就是自由意志图式，由此，先有了关于未来的预见与选择的“知”的运作，这种运作单方面地起动、诱导行动。而且，“知”在行动结束后再次起作用，不仅评价个别的行动，而且还回顾思考行动是什么的问题，这就是持续了很长时间的哲学行动论。

换言之，对于哲学来说，认识是存在于行动之前或之后的其中之一，而“知”与行动同时在其内部存在的想法，很长时间里没有得到反省。更何况，行动本身就是“知”的活动，毋宁说认识是行动的一部分的看法，至少在 19 世纪末之前连梦想中也没有出现。但在 21 世纪的今天，位于哲学宝座上的一元论的二元对立随处可见其破绽，尤其是自由意志的存在遭到强烈怀疑的现在，这种古老的认识论很明显被证明是无效的。

事实上，在本书前几章中已介绍过，启示认识与行动新关系的考察已在哲学界出现了不少。典型的例子就是波兰尼的隐性知识论，以及在此之前的柏格森的自由论。不必重复详细内容，隐性知识的主体既不是理性也非意识，而是被训练并养成习惯，化作其自身的“自生秩序”的身体。这个身体保持原样作为认识的主体而起作用，譬如骑自行车的方法是在骑行的同时学习的。另外，柏格森的自由与意志的选择正相反，是面临危机的纯粹持续的自生性发动现象。而且，原本纯粹持续是不允许时间前后关系的现象，因而认识这一点的主体自然地化为了纯粹持续，无非是在发动的同时从内部知道这一点。

本书一连串的长段考察，旨在把认识的主体看作身体本身的同时，也努力超越认识的主客体二项对立。当然，对应身体的活动，现象会显现，但这种现象与身体不是主客关系，两者间没有主导权的前后关系。比如说，身体的“想”是指注视现象或侧耳倾听，是眼睛和耳朵不由自主的反应，这里完全没有主动性和被动性的前后关系。目不转睛或侧耳倾听是因为能看见或听到什么，反之亦是真的，被认可的只有所谓的“被诱导的能动性”。

而这种现象与身体相互作用关系，不仅是在个人思考的范围内，在以历史为纵轴、以共同体为横轴的知识世界整体中也能看到。这里思考的主体假设被称呼为“es”，十分机巧的，“es”是基本不具有主格人称性的主语。其头顶上，现象宛如电光般“闪现”，这个“闪现”与“es”之间也无主导权的前后关系，是无法判断谁更能动的两者的遭遇引起的。

毋庸赘言，只要这样来重新解释哲学的“知”，哲学的自由问题会自然而然地全部解决。认识的主体是整个身体，就能在认识的过程中，彻底排除理性与感觉的对立、感觉妨碍了理性的自由这样一类担心。另外，如果“做”本身就是“知”的话，那么，认识可到达的世界就大大地得到扩展，“知”就能获得直接把握隐性知识、纯粹持续的自由。而且，最重要的是，哲学能感受到这个世界的根源性原理——节奏，通过与节奏共生存，应能更真实地了解其作用的。

节奏的第一个特性是这样的事实：节奏完全是显现的现象，即使能全部感知，也不能创造出来。第二个特性是感受到节奏是令人高兴的，更不可思议的是这种认识直接与一种获得解放的感觉关联。的确，知道很多是伴随着喜悦的，但体验节奏的喜悦其性质却很不相同。节奏的喜悦其喜悦方式本身就是身体性的，人不仅通过凝视聆听，哪怕只是微微晃动全身也能获得一种享受。对哲学来说，节奏是以认识节奏为最终目的的现象，反过来说，这是使认知仅此就能完结自立的现象。

超越人类至上主义

但节奏理所当然的，不仅被哲学家所认识，也被常识社会中生活的普通人所感知。而理解节奏，换言之，边感知节奏边生活，无论谁都能在这两种意义上让认识者获得自由。

第一，它可以从一切机械性的必然性、僵硬的规则性中解放人，将人从被封闭的被动性的枷锁中解救出来。前文提到过，人在

“滴答滴答”的机械性重复音的背后，只要感觉到“滴答哆答”的节奏就能引发轻快的昂扬感。从机械性的必然性中解放的意思大致与纯粹持续的直观相似，但两者的区别很大。纯粹持续从最初开始与常识隔绝、是不容许人选择的仅在危机中能体验的现象，与此相对应，节奏是随时随地表现出来的家常便饭般的事情。

第二，节奏与机械性的必然性相反，可从康德式的自由意志的桎梏中解放人。如前章详细解说的那样，意志是刻在看不见的石碑上的铭文，即使在睡眠中、在从事其他事情的时候也一直束缚着人。毋宁说意志是在行动受挫时被强化，在人死后成为不变的命令的那种僵硬的东西，与生的柔软性无缘的一种存在。再加上意志是欲望的代言人，是与他人斗争并互相制约的力量，如此反而会成为社会性相互压抑的原因。正因为如此，要想把自由作为真正的自由的基础，需要形成波兰尼的自生秩序。

这种自由意志一旦形成，产生了僵硬的人生，自然就不可能与节奏对抗并战胜它。人能做的事可说就是预防措施，平时掌握了对节奏敏感的生活习惯，就生活在了难以产生僵硬的自由意志的环境中。细致地感受季节的变化，细心地考虑每年的例行活动，把每天的日常生活细节都做好。尤其重要的是，不论是自然现象还是文化现象，可以从中自发敏锐地感知“‘运’之力(Getragenheit)”。

说到自然现象，不是当作外界的现象，旁观朝夕的推移、季节的变化，而是通过这些自然而然的变化，亲身感受活在当下的实际感觉。不懈怠庆祝季节性节日的各种活动，对细微的日光和风的声音变得敏感，日本人喜欢俳句和短歌就是一种方法吧。

人从事的工作也是同样的，人们可以坦率地承认，无论抱着多么强烈的意志完成的事业，其实都不过是运气好而成功的产物。事实上，往往是偶尔想做时开始了，这个过程也应是随着节奏的跳动而前进的，需要的只是意识到这一点。这在常识上就使人就变得谦虚了，而在哲学上就是认识到节奏的显现了。

与此相关联，笔者同时想重视的一点是人们向超越者祈祷现世利益的行为。我想说，尽管有真正的宗教宗派的教诲，毋宁说多数人并未遵循，而要紧的是向神佛祈愿现世的安稳与成功。思考超越现世的彼岸，沉浸在信仰无偿的愉悦中，如柏格森所言，那是被选中的天才的行为。如笔者这般凡庸的弱者能做的，只是在天地间披沥自己的软弱，乞求现世中卑微的幸运。

但这个世俗的祈祷绝非与真正的信仰相矛盾的，有时也会成为无偿的彻悟的开端。祈祷现世利益是欲望的表现，本来应是产生意志的萌芽，但随着其转变为祈祷，人的世界观也会发生变化。人突然将自己置于“世界闭塞”中，确认“我”是向着死而有极限的存在，从那里开始漠然间胸中生出了谦恭之情。

在此基础上，要自觉到人是凭“‘运’之力”而活着的事实，不用多言，亲近艺术与体育是颇好的方法。原本，奥斯卡·贝克尔思考了“成功”的哲学性意义，就是在艺术中，发现了人存在的重要状态——“‘运’之力”。而《世界文明史——神话与舞蹈》中，笔者将体育运动定义为证明身体局限性的无偿行动，并将其视为舞蹈的变形，这些也同样适用贝克尔的想法。事实上，艺术与运动基本上都是依赖技能的，但仅凭此仍不足，必须凭借幸运，这一点上两者是完全同质的。而且，其成功的成果都在各自狭窄的领域中，局限于历史短暂时期内被评价的卑微果实而已。

贝克尔的论文标题是《论美的无常（Hinfälligkeit）与艺术家的冒险性（Abenteuerlichkeit）》，笔者认为，依着这条思路，人生的所有行为，感受到这种无常有着决定性的重要意义。每个人的谋划越是冒险就越无常，切实感受这一点，是为防止自由意志之傲慢的最为直截了当的契机。

或许听起来像是悖论，只要人不遗忘这样的无常观，在常识世界中的冒险性的自由意志发挥应是安全且有用的。无常观是节奏感觉的派生物，是知道任何一种谋划都有开始、中间和结束(序破急)，特别是知道必然会有终结的世界观。而悟出这样的世界观的人，对所有的行动都不会抱有过剩的意志，对个别的具体行为，也会敏感地觉悟到结束的到来，能心平气和地放弃。

在可预见的将来，常识社会承认人类的自由意志的存在，肯定和维护它，以扩大其作用范围为目标而斗争。朴素地相信个人的"我"的实际存在，维护"我"的生理性安宁，援助权利的主张，进而为政治自由而奔走。笔者全面地赞成这样谋划，愿意在力所能及的范围内援助这样的谋划。但与此同时，自认为以常识与哲学二元并立为善的笔者，并不相信这种指向现代化的努力是人生的全部。不仅如此，笔者在内心深处感到，任何政治改革和技术开发的尝试，归根到底不过是树叶尖端的一滴水滴，是随时随地产生而消失的节奏的一拍而已。

但这样的感觉，反过来说，是与可在一滴水滴的掉落中感受到世界的跃动，可在月的盈亏、潮的涨落中，感受自己生命的延长等感觉是相通的。在渺茫的日常琐事中，时而也会感觉到序破急的弹性，而这与数亿光年的宇宙运动是同一原理的感觉是相通的。总之，感悟节奏是将人扩大至其外围之外，从以常识为价值秩序的世界中解放出来。

如果称现代的常识为人类至上主义，那么，承认节奏的哲学具有超越人类的力量就与其划清了明确的界限。只是这个超越者与宗教上的神佛不同，不是世界上永远、普遍常在的力量，只是在随时随地发生作用，于某个场合在其动态秩序的意义上超越了人类。

可以告诉已难以支配与指导常识的现代哲学,至少有常识不知道的另外世界的事实。可以提示:人类至上的傲慢是行不通的,在另一个世界里这样的基于傲慢的价值观是无效的。而这种哲学,不正是对在现代价值观所要求的人生斗争中倍感疲惫,时而被失败感觉压倒的人们,吹拂过的一阵清凉之风?

后　记

三年多前，2012年的夏天，我经历了一场几乎被宣告死亡的体验。不经意间到医院做了一次体检，我被告知表示癌症征兆的指标CEA（癌胚抗原）超过了1 000 ng/ml。一般认为CEA的数值超过5 ng/ml的话就有危险了，1 000 ng/ml以上，医学常识无法解释，说你浑身都是晚期癌也没什么不可以的。

起先在一家医院接受诊断，经过慎重的CT检查和内窥镜检查后，只发现一处可疑部位，医院提出的建议是可做一个试验性的打开腹腔的手术。我经过数天的深思熟虑，虽然明白此建议是很有道理的，但还是郑重地拒绝了。很明显，如果CEA的数值及其意义是正确的话，即使在全身做手术也无济于事。虽说是试验性的，但开腹手术的侵袭很大，不知会丢失我余下不多的人生多少时间。在此之前对自己的年龄漠不关心的我，突然想起两年后自己要八十岁了。

与此同时，脑海里突然苏醒了很长时间未提笔放在一旁的很重要的一个题目。怎么会有这样的心境，自己也感到很不可思议。那是1983年，约三十年前在拙著《演技的精神》中最初提出来以后，时常会涉及议论一下，但却未从正面开始提笔论述的“节奏的哲学”这一主题。因为这个题目对我来说是太宏大了，预想会是十分困难的，所以无意识间绕开了它而搁置了很长时间。

节奏是一种不可思议的现象，它具有力的流动与切断的节拍共存，且流动通过节拍扭曲力量，反而增强了其推进力的性质。那就是比喻为“惊鹿”的一种结构。我曾设想通过将此种节奏的结构置于诸现实的基底上，或能与长期以来使哲学陷于困境的弊病作斗争。

这种弊病就是，自古代以来，变换了形态，连绵不断至今的“一元论二元对立”。古代的形相与质料，近代的主观与客观，意识与外界，精神与物质等，哲学揭示的种种二元对立，不断在争论何者为真实存在。必须确定哪一方是真实存在是因为其背后存在着一元论，反之，可说正因为背后存在着一元论才会产生二元对立。说到善就有恶，说到光明就有黑暗，说到神就有恶魔，一元论必然唤起其相反之物。

为解决这样的两难困境，我笼统地想到，从一开始就在内部包含相反之物，发现因相反之物使之活力增强的现象，并将此置于包罗万象的根源上。而期间茫然地想到此现象大约就是节奏的念头隐约地温暖了我心中一隅。但这样的设想太过于冒险，对于自学生时代就初尝哲学滋味的我来说，很早就预感到要展开这样的构想其困难之多。在约三十年的时间里，一直在希望某天能从正面着手构筑自己的设想而犹豫了太长的时间。

CEA1 000 ng/ml 的晴天霹雳，似乎一口气吹散了心中的这种犹豫。我深深地自觉到准备的不足，却自己推着自己，开始在杂志《アステイオン》[1]上推出新的连载。这本杂志是与我特别亲密的媒体，不问理由，爽快地答应了我的请求。此后约三年，以“节奏的哲学笔记”为题，在每年出两期的杂志上连载了七次，以约三百多张稿纸的篇幅而结束，这就迎来了提笔记下此事的今天。

回顾过去的这段时间，可说是预料之中的或是预料之上的，这项工作是我一生中少见的极为困难的写作。总之，准备不足是毫不留情的压力，再加上既然要谈认识论，就不能置自然科学而不顾。于是，又复习了高中的物理和生物。好在是近来有大量的科学启蒙书出版，我也因此受益不少。

比什么都幸运的是，这段时间虽然 CEA 一直处于高位状态，但并不见癌症发作。因有了给我的诊断第二意见（second opinion）的名医的理解，免除了试验性手术，能专心于写作。结束连载还需半年，整理成单行本则再需半年，今后的成败只能听天由命了。

说到命运，颇有些神秘的感觉，但实际上，节奏就可看作为载万物而行的命运本身。如果突然的癌症警告也算是节奏的节拍之一，其时将笔者推向写作的定是此节奏的流动。总觉得“节奏的哲学笔记”本身就是节奏自然地变成笔者而推动这次写作的。

上面是 2016 年 1 月刊登在《学士会会报》916 号上的随笔。在上述状况下进行的《アステイオン》杂志上的连载，脱稿后再读，比

① 杂志《アステイオン》，日本思想评论类杂志。杂志名出自希腊语 ΑΣΕΙΟΝ，含有“城市的”“优雅的”等意。杂志以此名表达在一个多样的、自立的公共空间中，进行认真而有节制的交流，即一个促进知性交流的场所。——译者注

自己担心的程度更甚地不能令人满意。由于准备不足和没有很好地限制所涉及的范围，随着笔锋所至，新的构思一个接一个地涌现。因为想到之处就落笔连篇，所以稿纸不断增加，但文意的一贯性就不太到位。

其结果导致要作为单行本付梓，就必须大幅度地改写，为此，花费的时间不是半年而是一年多。这期间，健康上又遇到别的灾难，这一年成了很艰苦的一年，但坐在书桌前的充实感让我忘掉了上述的痛苦。完成的稿子大大改变了叙述的顺序与章节的安排，裁剪了枝丫，加强了主题的一贯性，又增加了一些重要的内容。

此书写作既艰辛又快乐的一点在于把最难用语言表达的构思变为语言表达出来。虽然节奏是直接触及身体所感受到的，但仅凭这一点，很难找到适合对象性地把握知觉、观念的语言表达。对于绞尽脑汁的我来说，日语中的独特的惯用表达所给与的帮助是极大的，比如“する気になる(有点想干)”和“考えが浮かぶ(想法浮现了出来)”等等。详细的内容请读者阅读正文，日语中的暗示主体的被动性，非主体性的表达确实特别多。由此，我想说，节奏的哲学从文明论上来说，本来就应该是在日本产生的哲学。

在此还想附上一笔的是，本书在我半个世纪的著作履历中可说成为划时代的一本。以旧著《现代的拥护》为代表，我毫不动摇地支持文明的现代化，并从这一立场出发发表了《世界文明史——神话与舞蹈》。但本书否定了意志的自由，排除了作为权利的自我的存在，至少在哲学上对现代化的根据提出了决定性的怀疑。

当然，这个疑问的萌芽应该在本人的旧著中也是随处可见的，换言之，我是有保留的现代主义者，而本书将这样的保留推向了前台。从结论上说，笔者一方面否定现代化的哲学性根据，另一方面继续肯定现代化的社会思想。不过，关于如何处理这一矛盾，在本书的第六章中有详述，此处就不重复了。说句助兴的话，本书是现代的拥护者所写的“后现代”哲学。

一向以来，完成一本书需要仰仗很多人的帮助。在内容上赐与本人很多珍贵启示的友人的名字，因数量太大在此请恕省略。借此一角谨向发行杂志《アステイオン》的三得利文化财团的诸位编辑先生，直接为此书编辑付出心劳的 CCC Media House 的小林薰先生表示我衷心的谢意。

在要表示谢意人群中，最要献上感谢之词的是耐心地等待我的文稿修改，择时给予本人适当鼓励的中央公论新社的宇和川准一先生。想起来，宇和川先生是我后期的所有长篇评论的责任编辑，也是虽非本人作品，但为我整理了本人一生经历记录的口述史的编辑，其恩难忘。想起特别是在这一年多的时间里，静静地注视着耄耋的笔者的先生的温情，提起笔时总觉平凡的感谢话语是不够用的，多日都在为找不到适当的感谢词而着急。

山崎正和
2018 年春

参考文献

* 大致按本书中出现的顺序排列。
* 外语著作日译本有复本的，一般介绍最近出版且比较容易获得的版本。另，可能有著作名、书名与本书中的引用有差异的情况。

山崎正和『演技する精神』(中央公論社，1983；中公文庫，1988)

山崎正和『世界文明史の試み——神話と舞踊』(中央公論新社，2011；中公文庫，上下，2017)

ルートヴィヒ・クラーゲス『リズムの本質』(新装版，杉浦實译，みすず書房，2017)

世阿弥『風姿花伝』(観世寿夫译，山崎正和責任編集"日本の名著"10『世阿弥』所收，中央公論社，1969)

アリストテレス『詩学』(藤沢令夫译、田中美知太郎責任編集"世界の名著"8『アリストテレス』所收、中央公論社，1972)

鷲田清一『「ぐずぐず」の理由』(角川選書，2011)

ベルクソン『時間と自由』(中村文郎译，岩波文庫，2001)

ベルクソン『物質と記憶』(熊野純彦译，岩波文庫，2015)

ベルクソン『道徳と宗教の二つの源泉』(森口美都男译，澤瀉久敬責任編集"世界の名著"53『ベルクソン』所收，中央公論社，1969；中公クラシックス，上下，2003)

モーリス・メルロ＝ポンティ『行動の構造』(上下，滝浦静雄・木田元译，2014)

池谷裕二『単純な脳、複雑な「私」——または、自分を使い回しながら進化した脳をめぐる 4 つの講義』(講談社ブルーバックス，2013)

山崎正和『装飾とデザイン』(中央公論新社,2007;中公文庫,2015)
ラヴェッソン『習慣論』(野田又夫译,岩波文庫,1950)
トーマス・クーン『科学革命の構造』(中山茂译,みすず書房,1971)
マイケル・ポランニー『個人的知識——脱批判哲学をめざして』(長尾史郎译,ハーベスト社,1985)
八木雄二『中世哲学への招待——「ヨーロッパ的思考」のはじまりを知るために』(平凡社新書,2000)
チャールズ・C・ギリスピー『客観性の刃——科学思想の歴史』(島尾永康译,みすず書房,2011)
イマヌエル・カント『純粋理性批判』(熊野純彦译,作品社,2012)
菊地健三『カントと動力学の問題』(晶文社,2015)
カント『自然モナド論』(松山壽一译,坂部恵・有福孝岳・牧野英二編『カント全集 2』所收,岩波書店,2000)
大栗博司『重力とは何か——アインシュタインから超弦理論へ、宇宙の謎に迫る』(幻冬舎新書,2012)
田中祐理子『科学と表象——「病原菌」の歴史』(名古屋大学出版会,2013)
中屋敷均『生命のからくり』(講談社現代新書,2014)
フアラデー『ロウソクの科学』(矢島祐利译,岩波文庫,1956)
カール・R・ポパー『推測と反駁——科学的知識の発展』(藤本隆志ほか译,法政大学出版局,1980)
アダム・スミス『道徳感情論』(高哲男译,講談社学術文庫,2013)
オスカー・ベッカー『美のはかなさと芸術家の冒険性』(久野昭译,理想社,1964)
ジュリアン・ジェインズ『神々の沈黙——意識の誕生と文明の興亡』(柴田裕之译,紀伊國屋書店,2005)
互盛央『エスの系譜——沈黙の西洋思想史』(講談社,2010;講談社学術文庫,2016)
フッサール『デカルト的省察』(船橋弘译,細谷恒夫責任編集"世界の名著"51『ブレンターノ/フッサール』所收,中央公論社,1970;中公クラシックス,2015)
世阿弥『花鏡』(山崎正和译,山崎正和責任編集"日本の名著"10『世阿弥』所收。中央公論社,1969)
納富信留『ソフィストとは誰か?』(人文書院,2006;ちくま学芸文庫,

2015)
纳富信留「パルメニデス」(神崎繁・熊野純彦・鈴木泉責任編集『西洋哲学史 1』所收,講談社選書メチエ,2011)
プラトン『ゴルギアス』(加来彰俊译,岩波文庫,1967)
山崎正和『社交する人間——ホモ・ソシアビリス』(中央公論新社,2003;中公文庫,2006)
村上勝三「デカルトと近代形而上学」(神崎繁・熊野純彦・鈴木泉責任編集『西洋哲学史 3』所收、講談社選書メチエ,2012)
佐藤光『マイケル・ポランニー「暗黙知」と自由の哲学』(講談社選書メチエ,2010)
マイケル・ポランニー『自由の論理』(長尾史郎译,ハーベスト社,1988)

译后记

山崎正和与《节奏之哲学笔记》

《节奏之哲学笔记》(中央公论新社、2018)是日本剧作家、评论家、文明史学者山崎正和继《装饰与设计》、《世界文明史试论——神话与舞蹈》等论著之后,推出的又一部探究人类文明动因的哲学力作。

山崎正和,1934 年出生于京都。京都大学美学美术史学博士课程、美国耶鲁大学戏剧专业留学。历任关西大学、大阪大学教授、东亚大学校长,大阪大学名誉教授、LCA 大学校长等。著有《奥德赛升天》《鸥外　战斗的家长》《历史的真实与政治的正义》《演技的精神》《日本人的内与外〈与司马辽太郎的对谈〉》《回望 20 世纪〈与丸谷才一的对谈〉》《重读日本史〈与丸谷才一的对谈〉》《装饰与设计》《作为文明的教育》《世界文明史试论——神话与舞蹈》等,已出版《山崎正和著作集》12 卷。其著作的中文译本有 4 种:《柔性个人主义——反抗大众消费社会的新个人主义》(远流出版,1988,黄恒正译)、《世阿弥》(海天出版社,1995,王冬兰译)、《社交的人》(上海译文出版社,2008,周保雄译)、《世界文明史——神话与舞蹈》(上海译文出版社,2014,方明生等译)。作为在文化与文明研究中影响广泛的研究者,山崎正和在戏剧、史论、评论等领域中业绩斐然,2007 年表彰为文化功劳者,2011 年获日本艺术院奖,2018 年获日本文化勋章。

现代社会中通常以人的自由意志作为讨论问题的前提,而《节奏之哲学笔记》则将这种认识的虚构性作为基点,展开了与迄今为止的观点不同的新的视域:对人而言,存在的真实姿态,是从外部渗透到内在的一种节奏;对世界而言,是充满着整个宇宙的节奏、波动、韵律、周期。从这一构想出发,本书讨论了亨利・柏格森、莫里斯・梅洛-庞蒂等人的哲学理论。当人们排除心与身、内在与外界的二项对立而逼近存在的真实图景时,可以发现所有的流动被切分为一段段跃动的节奏。所谓的"我",就是生命现象被切分出来的一个单位而已。这样一种对文明史的重构,可以在摆脱了僵硬的自我后,寻找到了自然的真实,随着时间的延伸能够把握到各类节奏,从而实现深层次地提升,在此基础上,得以期待文明会展现更为多彩、宏大的画卷。

《节奏之哲学笔记》从普遍存在的节奏的各种表现开始,在身体论的层面讨论节奏的存在,进而从节奏与人的身体、节奏与人的认知、自然节奏与科学、"我"或"es"的节奏等层面展开论述,最后归结为突破了常识的、人与节奏间的一种哲学性共感,实现对现代性的超越。这部作品与前两部作品相关联,使得山崎正和文明・文化论达到了一个新的高度。本书是日本学界近期崭新的、重要的成果,很值得介绍到中国来。

从"リズム"一词的翻译想到

"リズム(rhythm)"一词是贯穿全书的最重要的词汇。本书中

将“リズム”一词译为“节奏”,其通常的含义与用法十分日常化、贴近人们的生活,如步行的节奏、跑步的节奏、音乐的节奏、歌曲的节奏、舞蹈的节奏等等,不计其数。当然,这个词所使用的范围远不止此,恰如“生活的节奏”、“生命的节奏”、“大海潮起潮落的节奏”、“太阳朝起暮落的节奏”等等,带有文学性的表达也不胜枚举。节奏的一般、抽象的意义可以概括为“事物按规则反复的周期性运动”([日]《明镜国语辞典》)这样表述的概念。

这样的词义解释,想要说明的是“リズム”一词在语言中的使用是十分多样的,即可以是技术性限定词汇,也可以是文学性很强的表述,或如本书中那样是有着十分宏大的哲学含义的概念。而在日语表达中,“リズム”一词可身兼各职,包括像书名的关键词一类的用法。日语的这个词的性质与其外来语的特性有关,因为使用日语的人在接触到这个词汇时,会很自然地联想到这个词汇源于西方语言的特性。

但是汉语的情况不同,将“リズム”翻译为“节奏”,能联想到的许多感觉、印象如上文提到的十分日常化,或带上了某些文学性的抒情,但几乎不太有线索能联想到“リズム(rhythm)”一词所带有的西方性,更毋论引伸到西方哲学所探讨的问题了。

这种语言上的差别可能会影响到对思想的理解。日语中有大量的拟声拟态词,这使得对节奏的理解在语言感觉上就有了某种前提条件。日语中也有很多“自动词”的表达,正对应着节奏的自然属性,与西方语言中的“es”一类的表达接近。这样的语言中潜在的对节奏的理解,是否在各种语言中都普遍存在是一个值得探究的课题。

《节奏之哲学笔记》的思维广度

上一节谈及的问题，扩展来说是这部论著所讨论的问题可能是不少中国的读者不太熟悉的。在此，译者想举出本书论述中所涉及的几种重要哲学著作，为读者因某种契机深入本书做一点向导。

作为生命哲学源流中的一员，德国的克拉格斯的《节奏的本质》(Ludwig Klages, Vorn Wesen des Rhythmus)一书开启了“节奏”问题的哲学讨论。而要更深层次地涉及这一问题，或需要涉略英译本名为《时间与自由意志》(吴士栋译. 商务印书馆. 1958)的柏格森的处女作《论意识的直接材料》(这一书名为此书在中文文献中经常引用的书名)。这本书的书名法文的原意接近于“论直接被给予意识之物”的意思，这里似乎提示了一种悬空地直接被给与意识的东西，这种东西是什么呢？是“直观”？是“反省”？柏格森的哲学在上个世纪初，留给了人们一个大大的问号，而这样的思考确实是新的探索的起点。

继而，莫里斯・梅洛-庞蒂在《行动的结构》(杨大春、张尧均译. 商务印书馆. 2010)中对“格式塔”现象多有讨论，“知觉的原点不是感觉刺激而是格式塔的‘图形’，这样的‘图形’与‘背景’交替，展开知觉世界，并且超越了那个世界的主客观对立。这一论说是庞蒂理论的要点”(见本书第三章中“梅洛-庞蒂的身体”)，这一章中，山崎指出，遗憾的是梅洛-庞蒂面对人的身体，并没有继续推进他的理论，而是返回了传统的意识理论，读者可以通过第三章来了解本书对梅洛-庞蒂身体理论的不足的剖析。

近代历史中人与科学究竟是什么关系？第五章从查理・吉利

斯皮(Charles Coulston Gillispie，1918—　，普林斯顿大学科学史、科学哲学教授)的科学史名著《客观性之刃》(*The Edge of Objectivty — An Essay in the History of Scientific Ideas*。此书似尚无中文版)解读科学中引入的一系列新的方法：观察、实验、试错、证伪，进而自然的“节奏”冻结成为科学，通过“最近原因”再现自然，这样的科学是否都表现为一种“信念(doxa)”或“常识(doxa)”呢？。

第六章中介绍的日本学者互盛央的《es 的谱系——沉默的西方思想史》(讲谈社.2010)是日本西方哲学史领域里非常独特的著作。德语中“es”相当于英语中的“it”，作为无人称主语来使用，法语中也有类似表达。互盛央特别关注了“es”这个德语词被不断使用和讨论的情况。曾被弗洛伊德用作表达“自我”的动力源的这个词，追踪到弗洛伊德之前，尼采也以一种独特的方式使用过。进一步追溯该词的用例，可发现维特根斯坦、詹姆斯、费尔巴哈、谢林，直至 18 世纪末的利希滕贝格都涉及过，是德国一连串涉足哲学的人物的思想中的关键词。山崎认为与科学中的范式同样，思想界也存在着方法论工具的集合、范式的纠葛与融合以至于思维运动，这些有可能就是以“es”的形式表现在人的身上的。

仅以上述几例，展示本书宏大构架的一角。虽然使用了“节奏”一类接近于常识的词汇，本书却是在把握人类文明的走向上展望文明的未来“节奏”的鸿篇，期待着读者在这样的视角上来认识本书。

十分遗憾的是，校稿提交后不久，山崎正和先生于 8 月 19 日因病辞世。在此，谨对先生的逝世表示深切的悼念。译者将做好本书出版的各项工作，以感念尊敬的山崎正和先生为学术所做的贡献和为本书中文版出版所提供的各种帮助。

在此,译者向本书翻译出版过程中给与帮助的各方表示衷心的感谢。

最后在此,译者希望向本书翻译出版过程中给与帮助的各方表示衷心的感谢。感谢尊敬的山崎正和先生为本书在中国出版所提供的帮助。先生为本书在中国的出版无偿提供了著作权,译者对此表示由衷的感谢。感谢三得利文化财团所提供的出版资助。感谢明治大学张竞教授提供的各种帮助。感谢复旦大学曲卫国教授为此书所作的推荐及各种帮助。感谢复旦大学出版社唐敏编辑、王汝娟编辑的各种努力及帮助。

《世界文明史》译本出版后 6 年,再度涉猎哲学著作的翻译,依然遇到了诸多困难,翻译仍然可能存在很多不足,译者真诚期望学界各位的批评指正,期待这样的交流。

方明生　方祖鸿
2020 年 8 月 28 日

图书在版编目(CIP)数据

节奏之哲学笔记/(日)山崎正和著;方明生,方祖鸿译. —上海:复旦大学出版社,2020.10
ISBN 978-7-309-14998-2

Ⅰ.①节… Ⅱ.①山… ②方… ③方… Ⅲ.①哲学-研究 Ⅳ.①B

中国版本图书馆 CIP 数据核字(2020)第 066317 号

本书日文版『リズムの哲学ノート』,(日本东京)中央公論新社,2018 年 3 月初版发行
中文版由山崎正和先生无偿授权

上海市版权局著作权合同登记图字:09-2020-571

本书由日本三得利文化财团(Suntory Foundation)资助出版

节奏之哲学笔记
(日)山崎正和 著
方明生 方祖鸿 译
责任编辑/王汝娟

复旦大学出版社有限公司出版发行
上海市国权路 579 号 邮编:200433
网址:fupnet@fudanpress.com http://www.fudanpress.com
门市零售:86-21-65102580 团体订购:86-21-65104505
外埠邮购:86-21-65642846 出版部电话:86-21-65642845
上海四维数字图文有限公司

开本 890×1240 1/32 印张 7 字数 163 千
2020 年 10 月第 1 版第 1 次印刷

ISBN 978-7-309-14998-2/B·721
定价:48.00 元